Chuck Spezzano
Endlich leben – statt gelebt zu werden

Verlag Via Nova

CHUCK SPEZZANO

Endlich leben – statt gelebt zu werden

Verlag Via Nova

Übersetzung aus dem Englischen:
Ulrike Kraemer

Originaltitel:
Perception and Spiritual Accountability
Copyright © 2019 Chuck Spezzano

---

1. Auflage 2019
Verlag Via Nova, Alte Landstr. 12, 36100 Petersberg
Telefon: (06 61) 6 29 73
Fax: (06 61) 96 79 560
E-Mail: info@verlag-vianova.de
Internet: www.verlag-vianova.de
Umschlaggestaltung: Guter Punkt, München
Satz: Sebastian Carl, Amerang
Druck und Verarbeitung: Appel und Klinger, 96277 Schneckenlohe

© Alle Rechte vorbehalten

ISBN 978-3-86616-469-7

Für Jeannie Abel

Inhalt

Vorwort 11
Einführung 13

1   Häufige Dynamiken, die schmerzhaften Ereignissen zugrunde liegen 15
2   Der Spiegel 32
3   Wichtige Dynamiken und Prinzipien der Heilung 35
4   Das Ego und das höhere Bewusstsein 42
5   Deine Gedanken erschaffen die Welt 48
6   Jeder Gedanke 52
7   Dein Bild der Welt 55
8   Die Welt, die ich sehe, existiert nicht 57
9   Es gibt keine Welt 60
10   Die Entscheidung für unsere Wahrnehmung 65
11   Wahrnehmung I 68
12   Verurteilung 72
13   Eigenverantwortung ist Reife 74
14   Wahrnehmung II 77
15   Der Traum 84
16   Die Welt, die du siehst 87
17   Die Verbindung zwischen Zurückweisung und Trennung 93
18   Veränderung 97
19   Über die Verfolgung hinaus 99
20   Schmerz 102
21   Illusionen über dich selber 105
22   Mein Gefängnis 107
23   Meine Welt 109
24   Verwirrung 111
25   Zeuge meines Denkens 114
26   Die Ursache der Welt 116
27   Gleiches zieht Gleiches an 119

28	Wahrnehmung wird durch Projektion erzeugt	121
29	Das Wesen der Gegenwart	123
30	Heilung der Vergangenheit	126
31	Unsere Heilung ist niemals abgeschlossen	128
32	Schmerz ist eine falsche Wahrnehmung	130
33	Heilung in Schichten	132
34	Wir führen es herbei, verstärken es und halten es dann für wirklich	134
35	Was ich tue	136
36	Die Auswirkungen der Verurteilung	137
37	Rückkehr zur Wahrnehmung	140
38	Das Hier und Jetzt	143
39	Niemand kann leiden	145
40	Netzwerke und Erlösung	148
41	Das Videospiel des Lebens	151
42	Das Muster zurückverfolgen	154
43	Illusionen über dich selber	159
44	Was mich rettet, kommt von mir	161
45	Deine endgültige Befreiung	163
46	Das Einzige	165
47	Die Lektion lernen	167
48	Was du in dir fühlst	170
49	Eine Welt, die ich nicht kontrollieren kann	171
50	Träumen	175
51	Verträge	176
52	Wir sind der Träumer des Traums	178
53	Die geistige Perspektive	180
54	Eine angemessene Reaktion	186
55	Die geistige Schau	188
56	Das Geheimnis der Erlösung	191
57	Wenn Selbste sterben	193
58	Götzen überwinden	196
59	Denn alles muss dem Sinn und Zweck dienen, den du ihm gabst	198
60	Die kommenden Zeiten	201
61	Die Frage nach Gott	204
62	Opfer und Trotz	207

63	Kreuzigung	210
64	Die Sicherheit, nach der du suchst	212
65	Deine Lebensgeschichte verändern	214
66	Die Augen Christi	218

Nachwort ... 220
Danksagungen ... 222

Vorwort

Wie schon das erste Buch zum Thema Eigenverantwortung mit dem Titel *Why SHIT happens* verwendet auch dieses Buch viele Zitate aus *Ein Kurs in Wundern* sowohl zur Einführung in die einzelnen Kapitel als auch in den Kapiteln selbst. *Ein Kurs in Wundern* hat nicht nur die Erkenntnisse aus meiner eigenen Arbeit mit dem Unterbewusstsein und dem Unbewussten oder Seelenbewusstsein bestätigt, sondern auch Verständnislücken gefüllt und mir eine geistige Perspektive sowohl auf das Thema der Heilung als auch auf das Thema der Eigenverantwortung ermöglicht. Das vorliegende Buch soll zum besseren Verständnis des Prinzips der Eigenverantwortung beitragen, indem es sich dieser Perspektive widmet.

Opfersituationen bedeuten, dass wir eine Gelegenheit versäumt und manchmal auch eine Prüfung nicht bestanden haben. Wir können die Gelegenheit immer noch wahrnehmen. Wir können – und sollten – die Prüfung noch einmal ablegen. Der Schmerz, der mit der nicht bestandenen Prüfung verbunden war, dauert noch immer an, und wir vergeuden noch immer ein hohes Maß an Energie, um ihn mithilfe von Abwehrmechanismen erträglich zu machen. Diese Energie können wir nun neu auf eine sinnvolle Aufgabe ausrichten.

Wenn wir die Prüfung bestehen, wird die Energie integriert und nutzbringender eingesetzt, um beispielsweise ein höheres Maß an Wohlbefinden oder Fluss in unserem Leben zu erreichen. Schmerzhafte Erfahrungen, die nicht transformiert werden, setzen selbstsabotierende Muster in Gang. Wenn du bereit bist, eigenverantwortlich zu leben, erlangst du ein höheres Maß an Macht, um dein Leben zu verstehen, zu transformieren und auf eine glücklichere und erfolgreichere Ebene zu führen.

Obwohl das vorliegende Buch auch eigenständig gelesen werden kann, empfehle ich dennoch die Lektüre des ersten Bandes, *Why SHIT happens*, weil er die Grundlage für die höhere Verständnisebene schafft, die dieser zweite Band vermitteln möchte. Gemeinsam bilden sie eine kraftvolle Einheit, die Befreiung und Heilung bewirken und dich in die Lage versetzen soll, die Unschuld aller Menschen zu erkennen, deine eigene Unschuld eingeschlossen.

Die Quellenangaben unter den Zitaten aus *Ein Kurs in Wundern* verweisen jeweils auf die entsprechenden Textstellen, wobei T für das Textbuch, Ü für das Übungsbuch, H für das Handbuch für Lehrer und P für Psychotherapie: Zweck, Prozess und Praxis steht.

Einführung

Der französische Philosoph Maurice Merleau-Ponty hat ein Buch mit dem Titel *Das Primat der Wahrnehmung* verfasst. Er näherte sich in seinem Werk dem Gedanken der Eigenverantwortung aus philosophischer Sicht und bezeichnete sie als Intentionalität. Ich habe mich dem Konzept der Eigenverantwortung auf andere Weise genähert, nämlich durch die Psychologie und insbesondere die Therapie. Während der ersten beiden Jahre meiner Arbeit mit dem Unterbewusstsein, in denen ich zuerst die Hypnose und dann die wesentlich schnellere intuitive Methode eingesetzt habe, bin ich zu neuen und bahnbrechenden Erkenntnissen gelangt. Sie wurden mir zuteil, weil die Menschen, mit denen ich arbeitete, sich mir öffneten und mir so die Möglichkeit gaben, zunächst die unterbewussten und später auch die unbewussten Dynamiken zu erkennen und zu verstehen, die ihre Probleme herbeiführten und am Leben erhielten. Gleichzeitig ließen meine eigene Intuition und Inspiration mich Möglichkeiten finden, diese Blockaden zu transformieren und zu heilen.

Unsere Wahrnehmung ist primär, denn sie ist die Art und Weise, in der wir die Welt sehen und erfahren. In *Ein Kurs in Wundern* heißt es, dass alle Heilung eine Heilung der Wahrnehmung ist. Ich habe im Laufe meiner Arbeit herausgefunden, dass Schmerz eine Fehlwahrnehmung ist, und deshalb kann er geheilt werden. Er ist ein Fehler. Aus dem richtigen Blickwinkel und mit dem richtigen Verstehen betrachtet, lösen aller Schmerz und auch die Mauern der Kontrolle, die das Ego errichtet hat, sich im Angesicht einer höheren Wahrheit auf.

Die Menschen in Hawaii sagen: „Wir können die Wellen nicht anhalten, aber wir können lernen, auf ihnen zu surfen." Wenn wir diesen Spruch auf unsere Zwecke übertragen, dann bedeutet das, dass Aspekte alten Schmerzes, alter Herausforderungen und ungelernter Lektionen so lange in Form scheinbar neuer Probleme zutage treten, bis die Lektion gelernt und der Schmerz transformiert wurde. Du kannst also ebenso gut lernen, Heilung zu erlangen. Wenn etwas in dir hochkommt, das nicht vollkommen glücklich ist, kannst du es heilen und die Lektion lernen. Es spielt keine Rolle, wie weit du auf dem Weg hin zum Einssein gekommen bist. Dein alter, von Trennung herrührender Schmerz und das daraus entstandene gespaltene Bewusstsein treten in unterschiedlichen Formen immer wieder zutage, bis sie geheilt werden. Wenn sie nicht transformiert werden, bauen unsere Probleme sich immer weiter auf, während wir versuchen, sie mithilfe von Verdrängung und Unterdrückung zu bewältigen. Dies geschieht meist so lange, bis der Konflikt schließlich auf den Körper übertragen wird und wir es mit allen möglichen Verletzungen, Krankheiten und Pechsträhnen zu tun bekommen. Die gute Nachricht lautet, dass einige dieser Themen, so unerbittlich sie uns auch vorkommen mögen, nur *den Anschein erwecken*, dass sie narrensicher sind. Sie sind vor Gott ebenso wenig sicher wie vor deinem Wunsch, Heilung zu erlangen. Du kannst den Himmel ganz einfach darum *bitten, die Angst und die Situation aufzuheben*, in die du dich gebracht hast, um sie zu transformieren und in eine positive Richtung zu lenken.

Chuck Spezzano
August 2018
Suzhou, China

1

Häufige Dynamiken, die schmerzhaften Ereignissen zugrunde liegen

Opfersituationen bescheren dem Ego reichen Lohn. Es ist mehr als nur Pech, wenn schlimme Dinge geschehen. Es ist eine Frage verborgener Entscheidungen. Wenn du „Pech" hast, sind viele verborgene Dinge am Werk. Um sie zu verstehen, habe ich im Laufe der Jahre zahllose Menschen gebeten, einmal intuitiv der Frage nachzugehen, was in den Zeiten, in denen sie sich in einer Opfersituation befanden, tatsächlich geschehen ist. Die nachstehende Liste zeigt die häufigsten Antworten von Menschen, die schreckliche Dinge erlitten haben. Diese Antworten beschreiben, was tatsächlich geschehen ist und die Opfersituation herbeigeführt hat.

Während wir uns mit diesem Thema befassen, ist es hilfreich, einmal einige deiner eigenen Opfersituationen und die damit verbundenen unterbewussten Entscheidungen unter die Lupe zu nehmen. Rufe dir dazu die drei schlimmsten Opfersituationen in deinem Leben ins Gedächtnis. Wähle anschließend drei Zahlen zwischen 1 und 75. Die Zahlen stehen für die Dynamik, die jedem Opferereignis zugrunde liegt. Die erste Zahl wird dabei dem ersten Opferereignis, die zweite Zahl dem zweiten Opferereignis und die dritte Zahl dem dritten Opferereignis zugeordnet. Wenn du allmählich erkennst, was tatsächlich geschehen ist, vergib dir selbst und allen an der Situation beteiligten Menschen immer wieder, bis du im Frieden bist.

Die fünfundsiebzig häufigsten Antworten lauten:
1. Trennung und Unabhängigkeit
2. Die Folge eines Kampfs
3. Der Versuch, ein Bedürfnis erfüllt zu bekommen
4. Der Versuch, eine Schuld zu tilgen
5. Groll
6. Der Versuch, etwas zu bekommen
7. Das Verlangen nach Rache
8. Eine Seelenlektion
9. Festhalten
10. Angst
11. Ein gespaltenes Bewusstsein
12. Die Möglichkeit, sich zu verstecken
13. Aufopferung
14. Drehbuch einer dunklen Geschichte
15. Vor deiner Lebensaufgabe davonlaufen
16. Hass
17. Selbsthass
18. Angriff auf einen anderen Menschen
19. Ein Ereignis, um die Position deines Egos zu stärken
20. Selbstangriff
21. Rebellion
22. Glaube an Sünde und Karma
23. Selbstsabotage
24. Die Weigerung, etwas zu akzeptieren
25. Schwelgen
26. Recht haben wollen
27. Der Versuch, zu kontrollieren
28. Familienrollen
29. Etwas beweisen wollen
30. Erwartungen
31. Rollen und Leblosigkeit
32. Selbstfolter
33. Verschwörungen gegen dich selbst und deine Lebensaufgabe
34. Dissoziation

35. Unwürdigkeit
36. Mangel an Ebenbürtigkeit
37. Konkurrenz
38. Götzen und die zerschlagenen Träume, die von ihnen herrühren
39. Wutausbrüche
40. Falsche Geisteshaltung und Widerborstigkeit
41. Urteil
42. Besonderheit und dunkler Glanz
43. Die ödipale Verschwörung
44. Projektion
45. Verlust
46. Ahnenmuster
47. Vergangene Leben
48. Schattenfiguren
49. Widerstand und Weigerung
50. Abwehrhaltung
51. Angriff auf GOTT
52. Falsche Entscheidungen
53. Verleugnung
54. Unabhängigkeit
55. Gefühle der Unzulänglichkeit
56. Den Plan des HIMMELS ablehnen
57. Übertragung
58. Verteidigung des Egos
59. Schuldzuweisung
60. Teufelskreise
61. Starrsinn
62. Familienverschwörung
63. Rückzug
64. Depression
65. Gefühle der Unzulänglichkeit
66. Angst vor Verlust
67. Angst vor Veränderung
68. Elend und Trostlosigkeit
69. Zurückweisung

70. Nehmen
71. Glaubenssätze
72. Mangel
73. Ein verborgenes Selbst
74. Das heimliche Verlangen, einen anderen Menschen zu kreuzigen
75. Kreuzigung

Diese Liste ist keineswegs vollständig, umfasst jedoch die wichtigsten Dynamiken, die das Ego üblicherweise benutzt, um Opfersituationen herbeizuführen, die uns zurückhalten und ihm die Möglichkeit geben, seine Macht zu vergrößern. Die meisten dieser Dynamiken werden ins Unterbewusstsein, einige aber auch in die Tiefen des Unbewussten oder des Seelenbewusstseins verdrängt.

1. Trennung
Trennung ist gleichbedeutend mit dem Wunsch nach Unabhängigkeit. Trennung ist die Urdynamik des Egos, weil Trennung das Ego *erschafft*. Trennung ist gleichbedeutend mit Angriff und Selbstangriff. Alle anderen Dynamiken rühren von Trennung her. Der Wunsch nach Trennung und Unabhängigkeit ist unter jedem Problem, jeder Opfersituation und jedem Trauma zu finden. Unabhängigkeit ist eine Ebene, die wir alle in unserer persönlichen Entwicklung durchlaufen. Es gibt die wahre Unabhängigkeit, die uns ideenreich macht und auf unseren eigenen Füßen stehen lässt. Es gibt aber auch die Unabhängigkeit, die eine dissoziierte Kompensation für Angst, Bedürfnisse, Zurückweisung, Herzensbruch, Schuld und Aufopferung aus der Vergangenheit ist und die das Ego benutzt, um Schmerz zu übertünchen. Diese Form von Unabhängigkeit ist eine Rolle, die wie alle Rollen dissoziiert ist. Rollen sind Formen der Aufopferung, in denen du dich nicht gibst und deshalb auch nicht empfangen kannst, weil du dich in Wirklichkeit zurückgezogen hast. Trennung bringt Angst, Schuld, Groll und den Autoritätskonflikt ebenso hervor wie andere Ziele und Selbstkonzepte des Egos. Trennung erschafft Illusionen und Einsamkeit. Sie flößt uns Furcht ein, weil sie in Wahrheit ein Akt der Aggression – ein Akt des Losreißens – unsererseits ist. Anschließend projizieren wir unser Verhalten auf die Welt. Wir sind schuldig, weil wir auf einer Seelenebene versprochen hatten, die Menschen und die Situation zu retten, aber statt zu helfen, haben wir das Ereignis benutzt, um uns zu trennen. Wir hegen einen Groll, weil wir leiden

und anderen Menschen die Schuld daran geben. Tatsächlich geben wir ihnen jedoch die Schuld an dem, was *wir* getan haben. Der Autoritätskonflikt entsteht aus der Trennung heraus, weil wir uns trennen, um uns selbst als Autorität aufzuspielen. Dies geschieht ungeachtet der Meinung anderer Menschen und ungeachtet der Wahrheit, die der HIMMEL uns mitteilt. Wir wollen das Sagen haben. Trennung führt zu Konkurrenz, Kampf und Leblosigkeit.

2. Ein Kampf

Jedes Trauma oder Problem ist auf einen Kampf zurückzuführen. Wir kämpfen, weil wir bestimmte Bedürfnisse erfüllt haben, Recht bekommen, unseren Willen durchsetzen, gewinnen, überlegen sein oder unser Ego verteidigen wollen. Ein Kampf ist auch ein Zeichen von Angst vor Erfolg und Nähe und deshalb eine Ausrede, um den nächsten Schritt nicht zu gehen, weil wir glauben, damit nicht umgehen zu können. Er kann auch von einem Präventivschlag herrühren, den wir geführt haben, weil wir glaubten, damit einen Angriff verhindern zu können, statt den Kampf zu verstärken.

3. Bedürfnis

Der Wunsch, ein Bedürfnis erfüllt zu bekommen, das in der Vergangenheit nicht erfüllt wurde, steht bei jedem Trauma oder Problem an erster Stelle.

4. Schuld

Wir bestrafen uns durch Traumen oder Probleme in dem fehlgeleiteten Versuch, eine Schuld zu tilgen. Schuld ist eine der großen Illusionen und liegt an der Wurzel jedes Problems.

5. Groll

Wir legen einem anderen Menschen etwas zur Last. Es gibt kein Problem und kein Trauma, an dessen Wurzel nicht auch Groll zu finden ist.

6. Etwas bekommen

Jede negative Situation ist ein Versuch, etwas von anderen Menschen zu bekommen. Manchmal wollen wir sogar etwas von Menschen aus der Vergangenheit bekommen, die nicht mehr da sind.

7. Rache
Wenn wir verletzt wurden oder einen Herzensbruch erlitten haben, versuchen wir, unseren Schmerz zu lindern, indem wir einen anderen Menschen angreifen oder uns selbst verletzen, um einen anderen Menschen anzugreifen. Dieses Muster setzt sich auch mit anderen Menschen viele Jahre lang immer weiter fort, solange es nicht geheilt wird.

8. Seelenlektion
Eine Seelenlektion ist ein Ereignis, das vom HIMMEL und unserem höheren Bewusstsein herbeigeführt wurde, damit wir eine für unsere persönliche und spirituelle Entwicklung wichtige Lektion lernen. Das Ego versucht, diese Ereignisse zu benutzen, um unseren Schmerz zu verstärken.

9. Festhalten
Wir halten an einem Menschen, einem Ort oder einer Situation fest. Diese Anhaftung verhindert, dass wir empfangen und den nächsten Schritt gehen können. Wir fürchten, dass das alte Bedürfnis, das sich unter unserem Festhalten verbirgt, niemals erfüllt werden wird, wenn wir loslassen. Paradoxerweise besteht die einzige Möglichkeit, ein Bedürfnis erfüllt zu bekommen, darin, dass wir dort loslassen, wo wir festhalten.

10. Angst
Angst sorgt dafür, dass wir uns klein machen und uns zurückhalten. Sie lähmt uns. Sie hat ihren Ursprung in Urteilen und Angriffsgedanken, die zur Folge haben, dass wir glauben, in der gleichen Weise von der Welt angegriffen zu werden. Angst ist eine der Wurzeln aller Probleme.

11. Gespaltenes Bewusstsein
Ein gespaltenes Bewusstsein ist ein Konflikt, bei dem wir zwei gegensätzliche Dinge gleichzeitig wollen. Dies erzeugt Angst und hält uns davon ab, den nächsten Schritt zu gehen. Die Tatsache, dass wir leiden, zeigt, dass die verborgene Seite des Konflikts die Oberhand gewinnt und das herbeiführt, was wir auf der bewussten Ebene nicht wollen.

12. Verstecken
Wir benutzen das Trauma oder das Problem, um uns zu verstecken. Wir haben Angst davor, in Erscheinung zu treten. Wir haben Angst davor, unser Licht leuchten zu lassen. Wir glauben, zu etwas nicht in der Lage zu sein.

13. Aufopferung
Aufopferung ist eine Rolle, die Dinge tut, weil wir glauben, dass wir sie tun sollten, aber da wir uns nicht geben, können wir nicht empfangen. Aufopferung ist von Konkurrenz geprägt und verbirgt Angriff. Gemeinsam mit den Rollen des Opfers und der Unabhängigkeit gehört sie zu den drei grundlegenden Rollen, die in jedem Trauma zutage treten. Diese Rollen sind Teil jedes Problems.

14. Eine dunkle Geschichte
Dunkle Geschichten sind Drehbücher, die wir schreiben und die alle schmerzhaften Muster in unserem Leben fehlerschaffen. Wir glauben, dass sie ein Urbedürfnis erfüllen können.

15. Vor deiner Lebensaufgabe davonlaufen
Diese Dynamik liegt den meisten Traumen und chronischen Problemen zugrunde.

16. Hass
Hass entsteht, wenn wir glauben, jemand habe unser Herz gebrochen und unsere Träume zerschlagen. Das Problem, mit dem wir es nun zu tun haben, rührt von unserem Hass her.

17. Selbsthass
Herzensbrüche und Hass erzeugen Selbsthass. Aus unserem Selbsthass heraus lassen wir zu, dass schlimme Dinge geschehen.

18. Angriff
Angriff ist das Werkzeug, mit dessen Hilfe das Ego seine Macht ausbaut und seinen Fortbestand sichert. Da Angriff nicht vereinzelt ist, wie es in *Ein Kurs in Wundern* heißt, greifen wir letztendlich alle Menschen an, uns selbst eingeschlossen.

19. Die Position des Egos stärken

Wir benutzen Trennung, um die Position unseres Egos zu stärken. Der Schmerz, der von Zurückweisung und Urteilen herrührt, dient dazu, die Mauern unseres Egos zu errichten.

20. Selbstangriff

Wir greifen uns an, weil wir uns schuldig, als Versager und unzulänglich fühlen und weil wir glauben, für uns selbst nicht gut genug zu sein. Da Angriff nicht vereinzelt ist, greifen wir durch unseren Selbstangriff letztendlich alle und vor allem die Menschen an, die wir lieben. In *Ein Kurs in Wundern* heißt es, dass Angriff und Selbstangriff das Fundament des Egos sind.

21. Rebellion

Rebellion ist die Überzeugung, dass uns jemand unterdrückt und dass wir uns dagegen wehren müssen. Unsere Rebellion reicht bis zu unserer Beziehung zu GOTT zurück, in der wir *unser* Handeln auf IHN projiziert haben.

22. Glaube an Sünde und Karma

Der Glaube an Sünde und Karma gehört zu den zerstörerischsten Glaubenssätzen, die wir in uns tragen. Wir greifen uns selbst an und entscheiden uns für die Schuld, ziehen Tod und Negativität dem Leben und unseren Lernerfahrungen vor. Die gute Botschaft lautet, dass der HIMMEL nicht an Sünde und Karma glaubt. Die schlechte Botschaft lautet, dass wir es tun und uns dementsprechend behandeln.

23. Selbstsabotage

Selbstsabotage rührt von der Erfahrung her, dass unser Erfolg durch Aufopferung erlangt wird und dass ein höheres Maß an Aufopferung uns überwältigen würde und möglicherweise sogar unseren Tod zur Folge hätte.

24. Die Weigerung, etwas zu akzeptieren

Die Weigerung, etwas zu akzeptieren, erzeugt Verletztheit, Herzensbruch, Zorn und Verlust. Sie hat zur Folge, dass sich Türen auf unserem Lebensweg schließen.

25. Schwelgen
Schwelgen ist das Streben nach Vergnügen und Erfrischung, das eine Kompensation für Aufopferung ist. Es erschöpft und schwächt uns jedoch ebenso sehr, wie Aufopferung es tut. Schwelgen und Aufopferung tun sich zusammen, um einen Teufelskreis in Gang zu setzen.

26. Recht haben wollen
Wir unternehmen große Anstrengungen, um zu beweisen, dass wir Recht haben. Unser Ego hat ein tiefes Bedürfnis danach, Recht zu haben, um Schuld zu kompensieren. Es ist ihm so wichtig, dass es jeden Preis dafür bezahlt, selbst wenn es unser Leben kostet.

27. Kontrolle
Kontrolle ist der Versuch, Angst und Herzensbruch zu kompensieren, indem wir dafür sorgen, dass alles nach unserem Willen geschieht. Kontrolle führt zu Konkurrenz und kämpft darum, im Umgang mit anderen Menschen die Vorherrschaft zu erlangen.

28. Familienrollen
Familienrollen sind ein Versuch, die Familie zu retten, der nicht funktioniert, weil er Schuld, Versagen und Unzulänglichkeit kompensiert. Zu den Familienrollen gehören beispielsweise der Held, der Märtyrer, der Sündenbock, der Clown und das verirrte Kind.

29. Etwas beweisen wollen
Wir sind bereit, besonders große Anstrengungen zu unternehmen, um zu zeigen, dass das, was wir selbst nicht voll und ganz glauben, wahr ist. Das kann sogar Krankheiten, Unfälle, Traumen und schwerwiegende Probleme einschließen.

30. Erwartungen
Erwartungen sind die von unseren Bedürfnissen herrührenden Forderungen, dass Menschen und Situationen in unser Bild der Dinge zu passen haben, um diese Bedürfnisse zu erfüllen. Dies erzeugt ein hohes Maß an Stress und verrät ein gespaltenes Bewusstsein, das ein bestimmtes Ziel erreichen, gleichzeitig aber auch unabhängig sein will.

31. Rollen und Leblosigkeit

Rollen sind eine Kompensation für Schuld, Versagen und Aufopferung, die jedoch lediglich ein noch höheres Maß an Schuld, Versagen und Aufopferung erzeugen. Rollen sind nicht authentisch. *Sie tun die richtigen Dinge aus den falschen Gründen.* Sie haben die richtige Form, aber es fehlt ihnen am wahren Geist und an der wahren Absicht. Rollen bedeuten, dass wir uns nicht geben. Sie trennen und zeugen von Überlegenheit, auch wenn sie vorgeben, eine unterlegene Position einzunehmen. Rollen folgen der „Ich-sollte"-Routine des Lebens, statt spontan und authentisch zu sein. Sie erzeugen Leblosigkeit, weil sie keinen echten Kontakt zulassen und verhindern, dass wir empfangen können.

32. Selbstfolter

Selbstfolter ist gleichbedeutend mit den zahllosen inneren Dialogen, die das Ego führt, um uns zu kritisieren und anzugreifen. Sie sollen den Fluss zum Stillstand bringen und uns gleichzeitig daran hindern, die Hilferufe in unserer Umgebung zu hören.

33. Verschwörungen

Verschwörungen sind die chronischen Probleme, die das Ego erzeugt, damit wir eine Ausrede haben, uns vor unserer Lebensaufgabe zu verstecken. Bei einer Verschwörung haben wir es mit einem chronischen Problem zu tun, das narrensicher erscheint und aus dem wir uns vermeintlich nicht befreien können.

34. Dissoziation

Dissoziation ist ein grundlegender Abwehrmechanismus des Egos, den es benutzt, um den Schmerz, den wir erfahren, zu begrenzen. Dissoziation verbirgt den Schmerz, der aber dennoch an uns nagt und selbstsabotierende Muster in Gang setzt.

35. Unwürdigkeit

Unwürdigkeit ist ein Glaubenssatz, der Mangel, Versagen und Halbherzigkeit erzeugt. Wir erlauben uns, nur das zu empfangen, was wir verdient zu haben glauben.

36. Mangel an Ebenbürtigkeit
Ein Mangel an Ebenbürtigkeit erzeugt Konkurrenz, Angriff, Unabhängigkeit und Abhängigkeit. Er steht Nähe, Erfolg und Partnerschaft im Weg.

37. Konkurrenz
Konkurrenz gehört zu den grundlegenden Werkzeugen, die das Ego benutzt, um seine Macht zu festigen. Sie basiert auf Verzögerung und Angst vor Erfolg. Sie führt zu Machtkampf und Leblosigkeit.

38. Götzen
Götzen sind die falschen Götter, von denen wir glauben, dass sie uns glücklich machen, uns vervollständigen und uns Sicherheit bringen. Wir glauben, dass sie funktionieren, aber sie können nur zu Enttäuschung, Ernüchterung und zerschlagenen Träumen führen.

39. Wutausbrüche
Alle großen Probleme, Traumen und Emotionen sind Wutausbrüche, die wir haben, weil wir unseren Willen nicht durchsetzen konnten oder weil ein Bedürfnis nicht erfüllt wurde.

40. Falsche Geisteshaltung
Unsere falsche Geisteshaltung sorgt dafür, dass wir aus Unversöhnlichkeit, Eigensinn und Perversität in die falsche Richtung gehen.

41. Urteil
Urteile sind *Ein Kurs in Wundern* zufolge die Ursache allen Leidens. Ein Urteil ist eine Form von Angriff, bei dem wir aus unserer eigenen Schuld heraus über andere Menschen urteilen. Wir urteilen über einen Anteil unserer selbst, weisen ihn zurück, spalten ihn ab, verdrängen ihn und projizieren ihn auf die Welt. Wir urteilen, um unsere Überlegenheit zu zeigen, und wir benutzen unser Urteil, um uns zu trennen. Unser Urteil verstärkt die Schuld, von der es uns der Aussage unseres Egos zufolge befreien sollte.

42. Besonderheit
Besonderheit ist der Ersatz des Egos für Liebe und Verbundenheit. Sie will den Glanz der Aufmerksamkeit aller Menschen auf sich ziehen, auch wenn diese Aufmerksamkeit mit Leiden oder Unglück verbunden ist. Unser Verlangen nach Besonderheit war Teil unserer Entscheidung zugunsten der Trennung.

43. Die ödipale Verschwörung
Die ödipale Verschwörung gehört zu den besten Fallen, die das Ego zu bieten hat. Sie wird auf einer Ahnenebene als Mangel an Verbundenheit weitergegeben und verwandelt sich in Konkurrenz. Sie trennt Liebe und Sex voneinander und sorgt dafür, dass wir sexuelle Anziehung entweder ausagieren oder verdrängen, was zu Missbrauch oder zu einem Mangel an Lebensfreude und Selbstwert führt. Sie erzeugt Angst vor Erfolg, Sex und Nähe. Sie kann ein Vakuum ohne Beziehungen, Leblosigkeit in Beziehungen oder harte Kämpfe, Affären und Dreiecksgeschichten in Beziehungen herbeiführen. Sie entwickelt sich rasch zu einer Quelle der Schuld und gehört zu den grundlegenden Mustern, die das Ego benutzt, um uns von Partnerschaft und von unserer Lebensaufgabe fernzuhalten.

44. Projektion
Projektion bedeutet, dass wir das, was wir über uns selbst glauben, anderen Menschen und der Welt zur Last legen. Unsere Wahrnehmung rührt von Projektion her. Wir haben einen Anteil von uns zurückgewiesen und uns damit selbst angegriffen. Dann greifen wir durch unsere Projektion andere Menschen an.

45. Verlust
Die durch das Verlangen nach Trennung oder durch einen Mangel an Wert herbeigeführte Erfahrung der Trennung führt zu Verlust. Verlust führt zu Anhaftung, und Anhaftung ist vorgetäuschte Liebe. Anhaftung ist eine Form des Nehmens. Je mehr wir an etwas anhaften, statt verbunden zu sein, umso mehr laufen wir Gefahr, das zu verlieren, woran wir festhalten. Anhaftung rührt von einem Mangel an Wert her. Wir versuchen, unseren Mangel an Wert durch Anhaftungen zu kompensieren, die uns jedoch keinen Wert verleihen, sondern stattdessen versuchen, ein Bedürfnis erfüllt zu bekommen.

46. Ahnenmuster
Ahnenmuster sind die Probleme, der Schmerz und die Vorlieben, die durch unsere Ahnen an uns weitergegeben werden und uns zurückhalten.

47. Vergangene Leben
Hierbei handelt es sich um unbewusste Seelenmuster, die selbstsabotierende Glaubensmuster in diesem Leben in Gang setzen. Unabhängig davon, ob du die Vorstellung vergangener Leben als Metapher, als traumähnliches Muster oder als wirkliche Erfahrung betrachtest, zeigt sie eine grundlegende Art und Weise auf, in der unser Leben programmiert wird.

48. Schattenfiguren
Schattenfiguren sind Selbstkonzepte, die wir verurteilt, abgespalten, verdrängt und kompensiert haben. Wir agieren sie außerdem aus und projizieren sie auf unsere Umwelt. Schattenfiguren sind vergleichbar mit einem Anker, der uns nicht von der Stelle kommen lässt, und sie sind die Ursache unsichtbarer Barrieren, die uns daran hindern, den nächsten Schritt im Leben zu gehen. Schattenfiguren sind eine der Wurzeln von Selbsthass.

49. Widerstand
   Widerstand beginnt mit Trennung. Je mehr wir uns trennen, umso mehr Widerstand erzeugen wir. Unsere Probleme sind Formen von Widerstand. Wir haben Ziele im Leben, und unser Widerstand ist das Problem, das es schwierig macht, sie zu erreichen.

50. Abwehrhaltung
Dies sind die Blockaden, die wir aus Angst errichtet haben, um uns nicht mit unserem inneren Schmerz auseinandersetzen zu müssen. Unsere Abwehrhaltung verhindert, dass wir empfangen können, weil sie versucht, allen Informationszufluss zu verhindern, der Schmerz zutage fördern oder unser Ego bedrohen würde.

51. Angriff auf GOTT
Dies ist der grundsätzliche Autoritätskonflikt, in dem das Ego GOTTES Stelle einnehmen möchte. Unsere Probleme sollen beweisen, dass GOTT unfähig ist,

seiner Aufgabe nachzukommen, und dass wir das Sagen haben sollten. Unser Elend ist immer ein Angriff auf andere Menschen und insbesondere auf GOTT.

52. Falsche Entscheidungen
Wir treffen falsche Entscheidungen, weil wir etwas bekommen wollen, und das erzeugt Probleme.

53. Verleugnung
Verleugnung ist die Weigerung, uns mit bestimmten Tatsachen oder Themen zu befassen. Wir tun so, als seien wir gegen mögliche Auswirkungen immun. Dies hat jedoch immer ein böses Erwachen zur Folge.

54. Unabhängigkeit
Ein Kurs in Wundern bezeichnet Unabhängigkeit als die verborgene Geschichte, die allen Problemen zugrunde liegt. Unabhängigkeit ist das Verlangen, ungeachtet der Umstände unseren Willen durchzusetzen. Unabhängigkeit ist eine Rolle, die ungeachtet der Dinge, die wir tun, oder des guten Anscheins, den unser Handeln erweckt, nicht zulässt, dass wir empfangen oder genießen. Sie will vollkommene Kontrolle.

55. Gefühle der Unzulänglichkeit
Gefühle der Unzulänglichkeit sind eine Folge von Trennung und führen zu Angst vor dem nächsten Schritt und zu Kompensation.

56. Den Plan des HIMMELS ablehnen
Unsere Weigerung, den Plan des HIMMELS anzunehmen, erzeugt Angst und sorgt dafür, dass wir von Glaubenssätzen und Gefühlen unserer eigenen Unzulänglichkeit aufgehalten werden. Sie sorgt dafür, dass wir unserer Lebensaufgabe und unserer Bestimmung aus dem Weg gehen, und sie bindet uns an die Gesetze der Welt.

57. Übertragung
Wir übertragen unverarbeitete Ereignisse aus der Vergangenheit in die Gegenwart.

58. Verteidigung des Egos

Wir erzeugen Probleme, stellen uns als Opfer hin, fühlen uns schuldig, greifen andere Menschen an oder sorgen dafür, dass wir angegriffen werden, um die Position unseres Egos zu stärken oder seine Sicherheit zu gewährleisten.

59. Schuldzuweisung

Eine Schuldzuweisung greift einen anderen Menschen an, um das zu verbergen, was *wir* getan haben und wofür *wir* uns schuldig fühlen. Zorn und Opferrollen sind immer eine Form von Schuldzuweisung.

60. Teufelskreise

Teufelskreise bestehen aus Fallen, die einander gegenseitig ausspielen, sodass du, wenn du nach einer Seite strebst, stets beide Seiten bekommst: gewinnen und verlieren, gut und schlecht, überlegen und unterlegen, richtig und falsch, Häme und Schmollen, Angriff und Schuld oder Verlust und Anhaftung, um nur einige Beispiele zu nennen. Diese Elemente erzeugen mit ihrem Wechselspiel eine Abwärtsspirale in deinem Leben, halten dich in einem inneren Konflikt gefangen und führen zu Machtkampf und Leblosigkeit.

61. Starrsinn

Starrsinn ist eine Form von Hartnäckigkeit und Widerstand, die dafür sorgt, dass wir uns vor Vernunft und Wahrheit verschließen.

62. Familienverschwörung

Eine Familienverschwörung rührt von verlorener Verbundenheit her und erzeugt alle denkbaren Probleme innerhalb der Familie. Familienmitglieder werden zu Opfern, opfern sich auf oder werden unabhängig, mit der Folge, dass sie Selbstliebe und Selbsteinbeziehung aufgeben.

63. Rückzug

Wir ziehen uns aus Angst, Schmerz, Schuld oder Unwürdigkeit heraus vor dem Leben zurück. Wir opfern uns auf und sorgen dafür, dass wir nicht empfangen können.

64. Depression
Eine Depression rührt von einem Verlust her, den wir nicht überwunden haben. Dies kann sich auf jeden Bereich unseres Lebens auswirken.

65. Gefühle der Unzulänglichkeit
Gefühle der Unzulänglichkeit führen dazu, dass wir aufgeben oder übermäßig kompensieren, indem wir uns antreiben und uns zu sehr anstrengen.

66. Angst vor Verlust
Angst vor Verlust ist die Wurzel aller Angst. Sie bewirkt jedoch, dass wir das, was geschehen könnte, bereits erfahren.

67. Angst vor Veränderung
Unter unserer Negativität und unseren chronischen Problemen verbirgt sich die Angst, dass durch Veränderung eine noch viel schlimmere Situation entstehen könnte.

68. Elend und Trostlosigkeit
Elend und Trostlosigkeit verbergen die Anklage, die wir gegen GOTT richten und die darin besteht, dass GOTT ein schlechter GOTT ist und deshalb SEINEN Thron an uns abtreten sollte.

69. Zurückweisung
Zurückweisung ist die Dynamik, der alle Verletztheit, alle Urteile und alle Trennung zugrunde liegen. Sie ist die Wurzel allen Herzensbruchs und aller zerschlagenen Träume. Zurückweisung ist eine Projektion. Wenn wir glauben, zurückgewiesen zu werden, sind tatsächlich *wir* derjenige, der zurückweist. Unsere Verletztheit und unser Herzensbruch sind der Beweis.

70. Nehmen
Nehmen beruht auf der Einstellung, dass unser Glück außerhalb von uns liegt. Es ist der Glaube des Egos, dass wir uns einfach alles nehmen sollten, was wir wollen oder brauchen.

71. Glaubenssätze
Glaubenssätze geben uns unsere Wahrnehmung und unsere Erfahrung. Sie rühren von Entscheidungen her, die Selbstkonzepte erzeugt haben.

72. Mangel
Mangel ist der Glaube, dass es nicht genug gibt. Er rührt von dem Glauben her, dass *wir* nicht genug sind. Mangel ist eine Folge von Konkurrenz und verlorener Verbundenheit.

73. Ein verborgenes Selbst
Dies ist ein Selbstanteil, der aus einer irrigen Strategie heraus ein negatives Ereignis plant und in Gang setzt. Eine solche Strategie kann beispielsweise lauten: „Ich sollte ihn töten, um ihn von seinem Leiden zu erlösen." Schon aufgrund der Tatsache, dass es getrennt ist, kann ein verborgenes Selbst trotz bester Absichten niemals erfolgreich sein.

74. Das heimliche Verlangen, einen anderen Menschen zu kreuzigen
Unser Angriff auf einen anderen Menschen führt letztlich dazu, dass wir selbst leiden, oder wir benutzen unseren Verlust und Herzensbruch, um einen anderen Menschen zu kreuzigen.

75. Kreuzigung
Dieser extreme Schmerz entsteht, wenn wir zwischen grundlegenden, aber gegensätzlichen Glaubenssystemen gefangen sind. Wir haben das Gefühl, zwischen ihnen zerrissen zu werden.

2

Der Spiegel

> Das, was sie in sich fühlten, auf das schauen sie und sehen seine sichere Widerspiegelung überall.
>
> *Ein Kurs in Wundern*, Ü-I.189.4:3

> Was möchtest du sehen? Die Wahl ist dir gegeben. Lerne jedoch dieses Gesetz des Sehens und lass nicht zu, dass dein Geist es vergesse: Du wirst auf das schauen, was du in deinem Innern fühlst. Wenn Hass einen Platz in deinem Herzen findet, dann wirst du eine Furcht erregende Welt wahrnehmen, die der Tod grausam in seinen spitzen Knochenfingern hält. Wenn du die LIEBE GOTTES in dir fühlst, wirst du hinaus auf eine Welt der Barmherzigkeit und der Liebe schauen.
>
> *Ein Kurs in Wundern*, Ü-I.189.5:1-5

Was wir in uns tragen, ist das, was wir außerhalb von uns sehen und von dem wir glauben, dass es wirklich ist. Zunächst ahnen wir nicht, dass wir auf unseren eigenen Geist schauen, der auf die Leinwand der Welt projiziert wurde. Wir bevölkern die Welt mit unserer Vergangenheit und mit den Selbstkonzepten, die wir in uns tragen. Die Welt zeigt uns, was wir an uns selbst verurteilt und nach außen projiziert haben. Unsere Selbstkonzepte spielen die Figuren in den Filmen, die in unserem Bewusstsein ablaufen und die wir als die Welt erfahren. Alle Drehbücher unseres Lebens, ob positiv oder negativ, zeichnen unser Bild auf die Leinwand der Welt. Der Fluss unseres Denkens entspringt – manchmal bewusst, meist jedoch unbewusst – unseren Glaubenssätzen, bei denen es sich um statische Gedanken handelt, die wir in uns tragen. Diese Gedanken bringen sowohl unsere negativen Emotionen als auch unsere positiven Gefühle hervor. Was wir fühlen, hängt davon ab, ob wir uns dafür entscheiden, auf unser höheres Bewusstsein oder auf unser Ego zu hören. Wenn wir uns für das Ego entscheiden, bleiben uns am Ende nur Schmerz, Opfersituationen, Hass und Groll. Wir können uns auch an diesem Punkt noch immer dafür entscheiden, Heilung durch Vergebung zu erlangen, aber viel einfacher wäre es, uns von vornherein für unser höheres Bewusstsein zu entscheiden. Unser höheres Bewusstsein ließe uns die LIEBE GOTTES in uns spüren, und das hätte zur Folge, dass wir diese LIEBE in der Welt sehen würden und die Welt sich in Frieden entwickeln würde.

Dies ist die eine grundlegende Wahl, die wir treffen müssen. Hören wir auf unser Ego oder auf unser höheres Bewusstsein? Bis wir genügend richtige Entscheidungen getroffen haben, ist dies unsere einzige Freiheit. Unser Leben hängt davon ab, dass wir eine kluge Wahl treffen. Wir sind entweder Sklave unseres Egos, der Identität, die wir aufgebaut haben und die wir um jeden Preis verteidigen, oder wir werden von unserem höheren Bewusstsein geleitet und dienen dem HIMMEL und der Menschheit.

> Dein Bild der Welt kann nur das spiegeln, was innen ist. Weder die Quelle des Lichts noch die der Dunkelheit ist außen zu finden.
> *Ein Kurs in Wundern*, Ü-I.73.5:1-2

Die Welt ist der Spiegel unserer Seele. Bezogen auf das Prinzip der Eigenverantwortung heißt das, dass sich in der Welt nur das abspielt, was unser Bewusstsein bereits in sich birgt. Unser Bewusstsein birgt unsere Vergangenheit in sich. Unsere Selbstkonzepte formieren sich zu Filmen und Geschichten, die wir in unserer Welt *als* unsere Wahrnehmung und unsere Erfahrung sehen. Was uns unserer Meinung nach angetan wurde, ist eine Wiederholung dessen, was wir in der Vergangenheit getan haben. Wir haben alle Rollen aller Darsteller gespielt, die in unserem Leben vorkommen, alle Opfer und alle Täter eingeschlossen. Das ist das Rad des Karmas. Es gibt noch eine weitere tief verborgene Ebene: Alles, was jemand uns unserer Meinung nach angetan hat, haben wir auf einer bestimmten Ebene ihm angetan. Es fällt uns leichter, diese Tatsache zu begreifen, wenn wir erkennen, dass wir uns für das, was uns widerfahren ist, entschieden haben, weil wir uns einen Gewinn davon erhofften. Diese Entscheidung verbergen wir natürlich vor uns selbst unter Schichten der Verleugnung, und hier liegt der Ursprung des Unterbewusstseins. Das Unterbewusstsein ist der Ort, an dem wir unsere Selbsttäuschung verbergen, damit wir ein gutes Selbstbild aufrechterhalten können.

In *Ein Kurs in Wundern* heißt es, dass wir uns von einer Klippe stürzen würden, wenn wir wüssten, was wir wirklich über uns denken. Diese Spaltung zwischen unserem bewussten Denken und unserem Unterbewusstsein bringt uns dazu, unseren bewussten Zielen zuwiderzuhandeln. Alle Hindernisse in der Welt scheinen uns aufzuhalten oder sogar am Weiterkommen zu hindern, sind in Wirklichkeit aber nur das Spiegelbild unseres eigenen gespaltenen Bewusstseins und des Widerstandes, der immer dann entsteht, wenn wir uns trennen. Dieser Widerstand kehrt in Form von Problemen und anderen Hemmnissen zu uns zurück. Was schmerzhaft und negativ ist und was uns Schuldgefühle einflößt, ist einfach zu qualvoll, als dass wir es auf Dauer in uns tragen könnten. Während unser höheres Bewusstsein uns vorschlägt, diese Dinge zu heilen, hat unser Ego uns nachdrücklich dazu überredet, uns ihrer stattdessen zu entledigen, indem wir alles, was uns Schmerz bereitet, nach außen auf die Leinwand der Welt projizieren. Dazu gehören auch die Gaben, vor denen wir uns fürchten, die Dinge, derer wir uns nicht würdig fühlen, und alles, was uns dazu bringen würde, unser Licht in stärkerem Maße leuchten zu lassen, als es dem Maß unseres Selbstvertrauens entspricht. Was wir in der Welt sehen, ist das, was wir von uns selbst glauben. Unsere Glaubenssätze ergießen sich nach außen auf die Welt. Auf einer bestimmten Ebene kann man sagen, dass wir es immer nur mit uns selbst zu tun haben.

Da die Welt unser Spiegel ist, würde es, wie der alte Aberglaube sagt, großes Pech bedeuten, unseren Spiegel durch Urteile oder Angriff zu zerbrechen. Die Wahrheit ist, dass wir dazu aufgerufen sind, ihn zu reinigen und Sorge für ihn zu tragen. Es ist außerordentlich bereichernd, dieser Fürsorge unsere Aufmerksamkeit zu widmen. Alle Dinge, die wir transformieren, jeder Mensch, dem wir helfen, und alles, was wir zu neuer Ganzheit integrieren, gibt uns ein höheres Maß an Selbstvertrauen und macht die Welt zu einem besseren Ort.

3

Wichtige Dynamiken und Prinzipien der Heilung

Jede Heilung ist im Wesentlichen die Befreiung von Angst.
Ein Kurs in Wundern, T-2.IV.1:7

Die Erkenntnis, dass die Welt dein Spiegel ist, motiviert dich dazu, die Verantwortung für deine Gedanken zu übernehmen. Deine Gedanken erschaffen die zahllosen großen und kleinen Fallen in der Welt und sind die Ursache all deiner Probleme – deine Welt und dein Geist sind eins. Alle Heilung, die du erreichst, gibt dir somit Verantwortung, Antwortfähigkeit und die Fähigkeit, auf andere Menschen einzugehen, statt dir eine Bürde aufzuerlegen. Dieses Buch soll dich befreien. Die Hilfe, die du anderen Menschen zuteilwerden lässt, trägt zu deinem eigenen Glück und zur Heilung der Welt bei. Heilung hilft dir, dich daran zu erinnern, dass du nicht die Identität bist, die du für dich selbst aufgebaut hast – du bist in deinem Wesen ewiger, reiner Geist. So wurdest du geschaffen.

Wenn du vor einem Problem stehst, ist es wichtig, jede Gelegenheit zur Heilung zu nutzen. Probleme weisen auf ein gespaltenes Bewusstsein und auf innere Muster der Selbstsabotage hin. Deshalb ist es ratsam, keine Gelegenheit zur Heilung und zur Beseitigung von Problemen und den ihnen zugrunde liegenden inneren Mustern zu versäumen. Sei fest entschlossen, bei jedem Problem und in allen negativen Situationen, in denen du dich befindest, Heilung zu erlangen. Du wirst feststellen, dass die Welt ein Schatzhaus ist, das viele Themen birgt, an deren Heilung du arbeiten kannst. Der Schatz der Heilung fließt, sobald du den Mut hast, dich dem Schmerz zu stellen, den du in dir vergraben hast und der von Ereignissen herrührt, in denen du deine Verbundenheit verloren und deine Egoidentität aufgebaut hast. Du kannst jede schmerzhafte Situation als große Chance zur Heilung nutzen.

Dann wird die Welt zur Juweleninsel. Dann können deine Gaben an die Stelle allen Schmerzes und aller problematischen Muster treten, die du in dir trägst. Das Ego benutzt Schmerz und Probleme, um deine Gaben zu verbergen und seine eigene Macht auszubauen. In deinen Gaben und in der Öffnung, die sie bewirken, kannst du einen Blick nicht nur auf dein inneres Licht erhaschen, sondern auch auf eine Welt, die zunehmend schöner wird, je mehr dein Glück wächst. Die Schwierigkeiten, die du in der Welt siehst, sind *deine* Schwierigkeiten, und du kannst ihnen Heilung bringen. Verpflichte dich, jede sich dir bietende Gelegenheit zu nutzen, um zu lernen, Heilung zu erlangen und dich weiterzuentwickeln. Du wirst es zweifellos hin und wieder vergessen, wenn ein Problem auftritt oder eine Emotion aufbricht. Sobald du dich daran erinnerst, kannst du dich ganz einfach wieder neu verpflichten, alle negativen Umstände zur Transformation zu nutzen. So lernst du, dich in immer höherem Maße zu befreien, und du erlangst ein stetig wachsendes Gefühl der Macht und des Selbstvertrauens im Hinblick darauf, Grenzen zu überschreiten. Allem, was dich scheinbar unglücklich macht, kann vergeben werden. Alles, was dich scheinbar daran hindert, glücklich zu sein, kann geheilt werden, weil du über deinen Geist bestimmst. Du bestimmst über deine Erfahrung.

Die grundlegenden Fallen, die an der Entstehung aller Probleme beteiligt sind

Trennung ist die Wurzel aller Probleme. Wenn die Trennung aufgehoben wird, löst sich auch das Problem auf. *Verbundenheit* heilt Trennung. Dies kann geschehen, indem du dein inneres Licht mit dem inneren Licht eines anderen Menschen in einer Brücke aus Licht verbindest, bis die Distanz zwischen euch sich auflöst und ihr ein Licht seid. Angst ist ebenfalls eine zentrale Dynamik aller Probleme. Wenn die Angst verschwindet, löst sich das Problem auf. Es gibt viele Dinge, die Angst heilen, die aber letztlich alle auf die Liebe hinauslaufen.

Die Liebe löst die Angst und damit auch das Problem auf. Die GÖTTLICHE LIEBE ist die Gnade, die alle Negativität aufhebt und einen positiven Entwicklungsprozess zulässt, bis nur noch Erfolg bleibt. Die Liebe kommt stets, wenn du sie darum bittest. Heiße die Liebe und die GÖTTLICHE LIEBE in jeder negativen Situation willkommen, bis sie eine positive Wendung nimmt. Die GÖTTLICHE LIEBE bringt Wunder.

Schuld ist ein weiterer Eckpfeiler aller Probleme. Die vollkommene Heilung von Schuld bedingt, dass du die Unschuld *aller Menschen* erkennst. Vergebung heilt Urteile und den Groll, der Schuld verbirgt. Urteile und Groll sind Teil jedes Problems, mit dem du es zu tun hast. Urteile und Groll bringen ihrerseits naturgemäß ein höheres Maß an Angst, Trennung und Schuld sowie Leiden und Probleme mit sich. Vergebung heilt, eint und transformiert, statt zu trennen.

Der Autoritätskonflikt gehört ebenfalls zu den grundlegenden Fallen, die an der Entstehung aller Probleme beteiligt sind. Wir wollen das Sagen haben und bestimmen, wo es langgeht. Wir wollen kontrollieren und unseren eigenen Weg gehen. Wir wollen nicht, dass man uns sagt, was wir zu tun haben. Das macht es ausgesprochen schwierig, eine erfolgreiche Beziehung zu führen. Der Autoritätskonflikt ist Nährboden für Probleme. *Ein Kurs in Wundern* bezeichnet den Autoritätskonflikt als „die Wurzel allen Übels". Das Gegenmittel für den Autoritätskonflikt in unseren Beziehungen ist *Ebenbürtigkeit*. Sie erlaubt Verbundenheit und Erfolg.

In unserer Beziehung zu GOTT sind wir lediglich dazu aufgerufen, uns SEINER Autorität zu fügen. Das lehnt unser Ego natürlich ab. Es hat sich in einem illusionären Königreich eine illusionäre Identität geschaffen, und es schätzt diese Dinge über alles. Es hat alle unsere Glaubenssätze auf die Welt projiziert und sie nach unseren Wünschen und Überzeugungen geformt. Die Welt zeigt unseren Widerstand gegen GOTT und gegen den HIMMEL. Dieser Kampf findet tief im Unbewussten statt, wohin die meisten Menschen ihn verdrängt und dann „vergessen" haben. Dennoch gehört er zu den wichtigsten Dynamiken, die wir im Leben heilen müssen. Er gehört auch zu den letzten Dynamiken, mit denen wir uns befassen, bevor wir zum EINSSEIN gelangen. Während unserer Entwicklung hin zum EINSSEIN haben wir es auch mit den chronischen Problemen zu tun, die sich im Stadium der Einheit verbergen. Sie haben ihren Ursprung in unserer falschen Geisteshaltung, die unter Verleugnung und Kompensation vergraben liegt. Unter unserer falschen Geisteshaltung liegen sowohl

Angst vor Veränderung als auch Angst vor Verlust. Diese Ängste überdecken unseren Autoritätskonflikt und unsere Anhaftung an die Welt. Hier haben wir es mit einem Teufelskreis der Dinge zu tun, die wir von der Welt bekommen wollen und von denen wir glauben, dass sie uns retten und glücklich machen werden. Das hat zur Folge, dass das, was wir bekommen oder nehmen wollen, nur zu Enttäuschung, Ernüchterung und zerschlagenen Träumen führt. Dies erzeugt wiederum Schmerz, Groll und die Selbstkonzepte, die wir benutzen, um unser Ego aufzubauen. Alle diese Dinge vereinigen sich zu einem großen Teufelskreis, der unseren Kampf mit GOTT verbirgt.

Wir haben unsere Egoidentität geschaffen, und sie will sich ein eigenes Königreich in der Welt aufbauen. Wenn wir diese Teufelskreise und die Macht, die sie über uns ausüben, aufgeben, müssen wir uns lediglich mit der Dunkelheit des uralten Egos befassen, das aus der Zeit stammt, in der wir uns vom Licht abgewandt haben. Es erscheint uns furchteinflößend und tritt in Gedankenformen zutage, die wir in uralter Zeit für Angriffe, Dämonen, Teufel und dunkle Götter benutzt haben. Dieser Aspekt des Bewusstseins kündigt sich durch tiefen und verborgenen inneren Widerstand an. Er steht für unseren in hohem Maße kompensierten Starrsinn, unseren Autoritätskonflikt und unsere Negativität. Diese Widerborstigkeit ist der fehlgeleitete Treueeid, den wir dem Ego geschworen haben, und obwohl es den Anschein hat, dass der Widerstand von außen kommt und gegen uns gerichtet ist, handelt es sich lediglich um das uralte Ego, das wir verurteilt, abgespalten und projiziert haben. Wir sind in dieser Welt alle aufgerufen, das uralte Ego aufzugeben, um zum EINSSEIN zu gelangen. Die Welt ist unser Spiegel, und wenn sie uns aufregt, dann haben wir diese Aufregung – verschüttet im Unterbewusstsein und im Unbewussten – bereits in uns getragen.

Widerstand ist Teil jedes Problems. Er hat seinen Ursprung in unserem gespaltenen Bewusstsein, das zusammen mit Gefühlen der Unzulänglichkeit in der Zeit entstanden ist, in der wir unsere Verbundenheit zerstört haben. Ein Blick in unser Unterbewusstsein zeigt, dass stets *wir* die Verbundenheit mit einem anderen Menschen zerstört und infolgedessen gelitten haben. Es mag zwar so ausgesehen haben, als ob unsere Mutter, unser Vater, unser Partner oder das Leben uns zum Opfer gemacht hätte, aber *wir* haben die Situation in Gang gesetzt, um unabhängig sein und unseren eigenen Weg gehen zu können. *Ein Kurs in Wundern* bezeichnet Unabhängigkeit als die verborgene Geschichte, die allen Problemen und Traumen zugrunde liegt. Nun will ein Teil von uns Liebe,

Erfolg und Gesundheit, während der andere Teil die Unabhängigkeit bewahren will, die wir gewonnen haben, als wir unsere Verbundenheit zerstört und unser Ego aufgebaut haben.

Unser bewusstes Denken entscheidet sich für die glücklichen Ziele, während das Unterbewusstsein ein anderes Ziel verfolgt, das unser Ego stark erhält. Diese Strategie sorgt natürlich dafür, dass wir die Rechnung für alles bezahlen, was im Namen des Egos geschieht. Ein gespaltenes Bewusstsein erzeugt Angst und Widerstand. *Bereitschaft* und *Akzeptanz* heilen Widerstand. *Bereitschaft* lässt uns an unserer Unwilligkeit vorbeigelangen. *Akzeptanz* lässt uns über das Problem und den Schmerz hinausgelangen, statt den Widerstand zu nähren, der unseren Schmerz erzeugt und dafür sorgt, dass wir nicht von der Stelle kommen. Was wir akzeptieren, das lassen wir auf natürliche Weise los, und es wird in unserem Leben in die richtige Perspektive gerückt.

Vergebung ist ein Akt der Hingabe anstelle des Rückzugs vom Leben und von uns selbst, der von einem Groll herrührt. Sie ist eine praktische Form von Liebe. Sie beendet die Trennung ebenso wie die Schuld, die Angst und das Urteil, das ein Problem aufrechterhält. Vergebung heilt nicht nur Angriff, sondern auch den Selbstangriff, der mit Angriff stets Hand in Hand geht.

> Denk daran, dass du dich bei jedem Angriff an deine eigene Schwäche wendest, hingegen jedesmal, wenn du vergibst, dich an die Stärke Christi in dir wendest. Fängst du dann nicht langsam zu verstehen an, was die Vergebung für dich tun wird? Sie wird deinen Geist von jedem Gefühl der Schwäche, Anstrengung und Erschöpfung befreien. Sie wird alle Angst und Schuld und allen Schmerz wegnehmen. Sie wird die Unverletzlichkeit und Macht, die Gott seinem Sohn gab, deinem Bewusstsein zurückerstatten.
>
> *Ein Kurs in Wundern*, Ü-I.62.3:1-5

Wir benutzen ein Urteil, um uns zu trennen und zu zeigen, dass wir besser sind als das, wovon wir uns getrennt haben. Wir glauben, überlegen und besser als das zu sein, was wir verurteilt haben. Unser Urteil unterbricht jedoch den Fluss und sorgt dafür, dass wir in Verschmelzung und im Verlust unserer Grenzen gefangen sind. Das hat sofortige Aufopferung zur Folge, denn unser Urteil gibt uns Recht und hält uns deshalb in der Wirklichkeit gefangen, die wir verurteilt haben. Die Verschmelzung, die von unserem Urteil herrührt, verhindert Effektivität und Kommunikation, sodass wir uns mit dem, was wir verurteilt haben, in der Form abfinden müssen, in der wir es verurteilt haben. Inspiration, Fluss und innere Führung sind blockiert. Ein Problem kann äußerst vielschichtig sein. Manchmal müssen wir uns möglicherweise viele Male für die *Vergebung* entscheiden, um ein Thema zu klären. *Vergebung* klärt Groll und Urteile ebenso wie das Versagen und die Schuld, die darunter verborgen liegen. Sie löst nicht nur den Ort auf, an dem wir glauben, jemand habe eine unverzeihliche Sünde an uns begangen, sondern auch die darunter liegende unverzeihliche Sünde, die *wir* begangen zu haben glauben und die das ist, was den Fehler eines anderen Menschen zu einer unverzeihlichen Sünde macht.

Aller Schmerz rührt von Anhaftung her. *Loslassen* heilt sowohl den Schmerz als auch die Orte, an denen wir feststecken und noch immer versuchen, alte Bedürfnisse erfüllt zu bekommen. Loslassen bringt uns dort voran, wo wir festgesteckt haben, und macht neue Vorwärtsbewegung möglich.

Vertrauen und *Glauben* richten unser Bewusstsein auf positive Dinge aus, sodass die Situation sich auf diese Wahrheit hin entwickelt. Unsere Ergebnisse zeigen, wie wir die Kraft unseres Geistes investiert haben. Statt sie in Dinge zu investieren, die Probleme und Angst bringen, können wir sie in die Wahrheit investieren.

Frieden löst Stress und Illusionen auf. Er bringt Liebe, Freude, Fülle und Gesundheit.

Integration ist die Entscheidung, unvereinbare Anteile unseres Bewusstseins zusammenzubringen, einschließlich ihrer Illusionen und gegensätzlichen Ziele. *Integration* bringt uns nicht nur Ganzheit und die Heilung von Bedürfnissen, sondern auch ein höheres Maß an Frieden und Selbstvertrauen.

Die *Wahrheit* ist stets verfügbar, um uns auf sie zu berufen. Wenn wir es tun, fällt die Illusion Schicht um Schicht fort.

Verpflichtung ist die Entscheidung, uns rückhaltlos zu geben, und das bringt uns einen Schritt voran. Sie öffnet Türen und eröffnet Gelegenheiten. Ein Problem zeugt von einem Ort in der Vergangenheit, an dem wir uns nicht uneingeschränkt gegeben haben und den wir nun in die Gegenwart getragen haben.

Die Bereitschaft, anderen Menschen zu helfen, kann uns nicht nur von einer Schicht unseres Schmerzes befreien, sondern auch immer dann eine Schicht des Problems beseitigen, wenn wir mit Geist und Herz hinausreichen, um einen anderen Menschen zu unterstützen – durch unseren Schmerz, unseren Selbstangriff oder unsere Probleme hindurch. *Gnade* ist die LIEBE GOTTES, und wir können sie in jeder Situation anrufen, um Heilung zu bringen oder zu tun, was getan werden muss. Die *Anrufung* GOTTES öffnet uns für die *Wunder*, die der HIMMEL für uns bereithält. Sie bringt uns die Selbstliebe, die in jeder problematischen Situation fehlt. *Geben* gibt uns in jeder Situation das, was fehlt. Es ist ein Akt der Liebe, der uns wieder neu verbindet und uns hilft, unsere Anhaftung an den größten Fehler zu lösen, den wir im Leben machen können und der in dem Glauben besteht, dass jemand oder etwas außerhalb von uns die Quelle unseres Glücks ist.

Wenn wir etwas außerhalb von uns zur Quelle unseres Glücks machen wollen, verwandeln wir es in einen Götzen, und Götzen bringen Enttäuschung und zerschlagene Träume. Wenn wir versuchen, unsere Götzen zu GOTT zu machen, erleben wir immer Ernüchterung und Schmerz. *Geben* erfüllt dagegen sowohl uns als auch andere Menschen, und es öffnet uns dafür, in noch höherem Maße zu empfangen. Alles zu *empfangen*, was uns das Leben in jedem Augenblick anbietet, kann uns ebenfalls befreien, obwohl die meisten Menschen trotz gegenteiliger Beteuerungen nur schlecht *empfangen* können. *Wunder* beginnen mit dem Reinigungsprozess, der von *Vergebung* herrührt.

Wir können auch die *Kraft unseres Geistes* nutzen, um das zu verleugnen, was wir als wirklich und wahr erfahren, und stattdessen über das, was das Ego für uns in Szene gesetzt hat, hinaus auf den Ort schauen, an dem die *Wahrheit* alles berichtigt, was Illusion ist. Die *Wahrheit* unseres Geistes birgt weder Schmerz noch Probleme. Wir können *wundergesinnt* sein, bereit, über die Illusion jedes Problems zu der Welt voranzugehen, die der HIMMEL als Alternative zur Dunkelheit unseres Egos für uns vorgesehen hat. Wenn wir schließlich unseren *Glauben* und unsere *Liebe* in eine Situation einbringen, können wir die GÖTTLICHE LIEBE und die GÖTTLICHE PRÄSENZ darum bitten, sich ebenfalls in der Situation einzufinden. Wir können um ein *Wunder* bitten und uns unserer dunklen Lektionen entledigen.

4

Das Ego und das höhere Bewusstsein

Möglicherweise glaubst du, dass du verantwortlich bist für das, was du tust, aber nicht für das, was du denkst. Die Wahrheit ist, dass du verantwortlich bist für das, was du denkst, weil du nur auf dieser Ebene eine Wahl treffen kannst. Was du tust, kommt von dem, was du denkst.
Ein Kurs in Wundern, T-2.VI.2:5-7

Wir haben im Grunde genommen nur eine einzige Wahlmöglichkeit, und sie besteht darin, ob wir auf unser Ego oder auf unser höheres Bewusstsein hören. Welche Wahl du getroffen hast, kannst du daran erkennen, welchen Ausgang eine Situation nimmt. Das Ego hat tausend laute Stimmen, die uns ablenken, während das höhere Bewusstsein mit leiser Stimme spricht. Es kann ein ganzes Leben lang dauern, bis wir zwischen dem höheren Bewusstsein mit seiner Stimme für die Wahrheit und dem Ego unterscheiden können, weil das Ego ständig versucht, sich einzuschleichen und den Platz des höheren Bewusstseins einzunehmen. Dennoch bleibt es unsere Entscheidung, auf welche Stimme wir hören. Die Stimme, auf die wir hören, ist entscheidend dafür, dass die Dinge uns so erscheinen, wie sie es tun, und uns den Eindruck vermitteln, dass sie nun einmal sind, wie sie sind. Unsere Macht liegt darin, dass wir die Fähigkeit haben, eine Wahl zu treffen. Heilung geschieht, wenn wir unterbewusste und unbewusste Entscheidungen herauf in unser bewusstes Denken holen, damit wir, wenn das, was geschieht, und die Entscheidung, die wir vorher getroffen haben, uns nicht gefallen, noch einmal neu entscheiden können. Darin liegt unsere Macht, und wenn wir uns für die Wahrheit entscheiden, befreien wir uns selbst.

Wir treffen Entscheidungen auf tiefen Ebenen unseres Bewusstseins, die wir vor uns selbst verbergen. Wir treffen auch Entscheidungen im Bruchteil einer Sekunde, die wir dann sofort verdrängen. Mit den Entscheidungen, die wir treffen, weil sie Trennung ermöglichen oder gewinnbringend für das Ego sind, versuchen wir, auf Kosten anderer Menschen und auf unsere Kosten eine Identität aufzubauen. Wir lassen es so aussehen, als habe jemand anderer uns zum Opfer gemacht oder uns etwas angetan, damit wir uns trennen, uns verstecken und vor unserer Lebensaufgabe davonlaufen können. Unsere Entscheidung für den Schmerz verbergen wir verständlicherweise vor uns selbst, weil es wahnsinnig wäre, uns wissentlich für den Schmerz zu entscheiden. Neben der Entscheidung für die Unabhängigkeit, die das Gegenteil von Liebe und Nähe ist, gibt es noch viele andere Ziele, von denen wir irrtümlich glauben, dass sie uns glücklich machen. Sie machen in Wahrheit nur das Ego glücklich. Es sind Dinge wie Rache und Selbstbestrafung für unsere Schuld, die wir auf diese Weise tilgen wollen. Tatsächlich verstärken sie jedoch die Schuld, indem sie dafür sorgen, dass wir uns noch schlechter fühlen. Wir entscheiden uns für die Angst, als ob sie uns warnen oder beschützen könnte, aber Angst nährt angsteinflößende Ereignisse und gibt uns dadurch das Gefühl, dass unsere Angst gerechtfertigt ist. Wir kämpfen darum, unseren Willen durchzusetzen, aber ein Machtkampf rührt von Angst vor dem nächsten Schritt her und dient lediglich dazu, uns aufzuhalten und das Ego zu stärken – Angst zieht genau die Dinge an, vor denen wir uns fürchten. Wir greifen andere Menschen präventiv an, weil das Ego uns einredet, dass wir für unsere Sicherheit sorgen müssen, erreichen aber am Ende genau das Gegenteil.

Es bringt niemals Glück, Sicherheit oder die Macht, die ermächtigt, wenn wir uns auf die Seite des Egos stellen. Das Ego ist einzig und allein an Beherrschung interessiert, die ihm eine falsche Macht verleiht, oder an Unterwerfung, die ihm die Möglichkeit gibt, sich zu verstecken. Es will die Aufopferung, die uns ausbrennt und eine Situation erzeugt, in der wir nicht empfangen können. Aufopferung ist eine Form von Verschmelzung, die auf einem Urteil basiert. Sie schafft es nicht, einem anderen Menschen zu helfen, weil sie von Co-Abhängigkeit und Konkurrenz herrührt.

Wir haben das Ego aufgebaut, um uns in der Welt zurechtzufinden. Biologische Studien belegen jedoch, dass wir es ab dem achtzehnten oder neunzehnten Lebensjahr nicht mehr brauchen. Nachdem das Ego einmal Macht erlangt hat, will es sie natürlich nicht wieder aufgeben. Im Laufe unseres persönlichen Entwicklungs- und Heilungsprozesses lösen wir die Trennung, den Schmerz, die Ungerechtigkeit und die Selbstkonzepte auf, aus denen das Ego aufgebaut ist. Heilung lässt uns mit Leichtigkeit zu unserer Unschuld zurückfinden. Wir verbinden uns immer mehr, sodass wir für die Liebe offener sind. Wir lernen, auf unser höheres Bewusstsein zu hören, das Glück, Liebe und Erfolg verpflichtet ist. Das Ego will uns dagegen einreden, dass *es* uns voranbringt, auch wenn dies auf Kosten anderer Menschen geschieht. Es will um jeden Preis gewinnen, während das höhere Bewusstsein auf Gegenseitigkeit ausgerichtet ist und einen Weg aufzeigt, der alle gewinnen lässt.

Das Ego ist das Prinzip der Trennung. Es ist die Identität, die wir uns gegeben haben, als wir uns von anderen Menschen getrennt haben. Diese Trennung hatte Schmerz und Verletztheit zur Folge. Um eine Identität aufbauen zu können, sind wir zum Opfer geworden. Wir haben Verlust, Einsamkeit und Unzulänglichkeit gefühlt und fühlen sie noch immer, wenn wir sie nicht geheilt haben. Wir haben unser Bewusstsein gespalten, was zur Folge hatte, dass wir bereit und gleichzeitig nicht bereit waren, uns mit anderen Menschen zu verbinden. Wir glauben, dass andere Menschen uns zum Opfer gemacht haben und dass ein *gegen* uns gerichtetes Unrecht begangen wurde. Ein genauerer Blick auf die unterbewussten und unbewussten Ebenen unseres Geistes würde uns jedoch zeigen, dass das Unrecht *durch* uns begangen wurde. Das Ego gibt immer einem anderen Menschen die Schuld an genau dem, was wir in einer Opfersituation getan haben. Die Menschen, die sich in einer Situation negativ verhalten haben, brauchten unsere Hilfe, aber statt ihnen zu helfen, haben wir sie und das Ereignis als Ausrede *benutzt*, um das zu tun, was wir ohnehin tun wollten, oder um das nicht tun zu müssen, was wir nicht tun wollten.

Das Ego sorgt sich in Wirklichkeit nicht um uns, sondern nur um sich selbst. Es kümmert sich nicht um uns, sondern nutzt jede Gelegenheit, um seine Macht auf unsere Kosten auszubauen. Es will gewinnen, Recht haben im Hinblick auf das, was es glaubt, und sein Bedürfnis nach Besonderheit erfüllt bekommen. Es benutzt schmerzhafte Emotionen, um seine Position zu festigen, während es uns gleichzeitig vorgaukelt, dass ihm unser Wohl am Herzen liegt.

Emotionen, die in uns hochkommen, können wir nutzen, um Heilung zu erlangen. Das Ego rät, sie stattdessen zu benutzen, um Schuld zu beweisen, Aufmerksamkeit auf uns zu ziehen, andere Menschen zu kontrollieren und mit ihrer Hilfe unsere Besonderheit unter Beweis zu stellen. Wenn wir unsere Emotionen nicht nutzen, um Heilung zu erlangen, greifen wir mit ihnen andere Menschen und uns selbst an. Jedes Selbstkonzept ist auf diesen oder ähnlichen Dynamiken aufgebaut. Jedes Selbstkonzept hat seine eigene Logik, seine eigenen Ziele und seine eigenen Vorstellungen von den Dingen, die es seiner Meinung nach glücklich machen. Jedes Selbstkonzept konkurriert mit anderen Selbstkonzepten, die wir in uns tragen, so wie unser Ego mit anderen Egos konkurriert. Emotionen verschleiern, dass Konkurrenz in Wirklichkeit unsere Angst vor Erfolg verbirgt. Sie verschleiern, dass Schuld unsere Angst unter ihnen verbirgt und dass Zorn benutzt wird, um andere Emotionen zu verbergen, die sie zu schützen versuchen, während sie andere Menschen drangsalieren.

Wenn wir unsere Emotionen nicht nutzen, um Heilung und Transformation zu bewirken, benutzt sie das Ego, um seine Macht auszubauen. Damit werden sie zu Waffen, die unsere Trennung aufrechterhalten. Trennung bedeutet Konflikt, Konkurrenz und einen Mangel an Selbstvertrauen. Selbstvertrauen ist das, was Erfolg und Fluss bringt. So wie Trennung das Ego stärkt, löst Verbundenheit es auf. Verbundenheit bringt mühelos Liebe und Erfolg. Verbundenheit gibt uns Fokussierung anstelle der Zerrissenheit, die vom gespaltenen Bewusstsein des Egos herrührt. Je stärker unser Bewusstsein gespalten ist, umso größer ist unsere Angst vor dem nächsten Schritt, weil jeder abgespaltene Anteil fürchtet, dass seine Bedürfnisse nicht erfüllt werden könnten. Das höhere Bewusstsein ist der Anteil, der nach wie vor mit dem HEILIGEN GEIST verbunden ist, der geblieben ist, nachdem unser Bewusstsein sich unzählige Male gespalten hat. Wir sind aus der Ekstase und dem Gewahrsein des EINSSEINS heraus auf immer tiefere Bewusstseinsebenen gefallen.

Nun steigt das Bewusstsein wieder auf und wir sind auf dem Weg, der uns zum EINSSEIN zurückbringt. Das TAO, die UNIVERSALE INSPIRATION oder der HEILIGE GEIST – je nachdem, welche Metapher du benutzen möchtest – plant unsere Rückkehr zum EINSSEIN und zu SICH SELBST. Unser höheres Bewusstsein ist noch mit der UNIVERSALEN INSPIRATION verbunden. Es hat nicht nur alle Antworten, sondern bringt auch die Segnungen des HIMMELS zu uns. Es spricht mit einer leisen Stimme, während das Ego mit zahllosen lauten Stimmen spricht. Um die Stimme des höheren Bewusstseins zu hören, müssen wir bereit sein, zwischen beiden Stimmen zu unterscheiden.

Das Ego sorgt stets dafür, dass wir zu seinem Wohl und zu unserem Nachteil vom Weg abkommen. Das höhere Bewusstsein bringt uns dagegen auf den Weg, der zu Frieden und Erfolg führt. Es fühlt sich weder beleidigt durch das, was in der Welt geschieht, noch leistet es ihm Widerstand. Es übernimmt sowohl Verantwortung als auch Eigenverantwortung und erfüllt jede Situation, in die wir es hineinbitten, mit Gnade.

Wenn unser Bewusstsein sich auf dem Weg zurück zum EINSSEIN ausdehnt, lernen wir, immer weniger auf die Stimme des Egos und immer mehr auf die Stimme unseres höheren Bewusstseins zu hören. Dies beschleunigt unser Wachstum, weil wir ganz von selbst die richtigen Entscheidungen treffen. Wir haben im Grunde nur eine einzige Wahlmöglichkeit, und sie besteht darin, ob wir auf unser Ego oder auf unser höheres Bewusstsein hören wollen. Es ist auch die Entscheidung zwischen Liebe und Angst, Vertrauen und Sorge, Erfolg und Kontrolle. Wir wählen zwischen dem Weg des HIMMELS und dem Weg der Hölle, zwischen dem Weg, der zum Leben, und dem Weg, der zum Tod führt, zwischen dem Weg, der zur Freiheit, und dem Weg, der in die Gefangenschaft führt.

Wir fürchten uns vor der Freiheit, und hier kommt das Ego ins Spiel. Es kapselt uns in Selbstkonzepte ein, und diese Glaubenssätze formieren sich zu Glaubenssystemen, die uns begrenzen. Das Ego ist die Trennung, die uns von uns selbst, von anderen Menschen und vom HIMMEL abschneidet. Das ist genau das, was das Ego will: getrennt sein, um zu beweisen, dass andere Menschen etwas falsch gemacht haben. Es dient als Rechtfertigung für unser Handeln auf sein Geheiß. Die Evolution und das Ego gehen in unterschiedliche Richtungen. Das Handeln des Egos ist die Ursache unseres Schmerzes. Die UNIVERSELLE INSPIRATION wirkt durch das höhere Bewusstsein. Sie zeigt uns die Lösung und auch den nächsten Schritt auf dem Weg, der nach Hause führt. Das höhere Bewusstsein rät immer zum Plan des HIMMELS und nicht zum Plan des Egos, der in die Hölle führt.

Das Ego verlangt es nach Groll, um Schmerz und Trennung aufrechtzuerhalten. Das höhere Bewusstsein rät dagegen immer zu Vergebung und Selbstvergebung, damit wir allen Schmerz loslassen und den nächsten Schritt in Richtung Einheit gehen können. Sowohl Vergebung als auch Selbstvergebung einen die Welt und bringen uns Frieden und Unschuld zurück. Das höhere Bewusstsein, das dem WILLEN GOTTES für uns folgt, will nicht, dass wir in irgendeiner Form leiden, während das Ego auf Schmerz und auf dem Verlangen aufgebaut ist, sich einen Namen zu machen. Es will entweder an den Wunden sterben, die durch Groll verursacht werden, oder es will andere Menschen beherrschen und seinem Willen unterwerfen. Das höhere Bewusstsein will Liebe und Freude. Es will Ebenbürtigkeit und Gegenseitigkeit. Es will Glück und die Erinnerung daran, dass wir GOTTES KIND sind, das EINSSEIN niemals verlassen haben und deshalb sündenlos sind. Unser Erinnerungsverlust hat jedoch dazu geführt, dass wir vergessen haben, wer wir sind. Wir haben andere Menschen – und vor allem GOTT – beschuldigt, während wir uns von ihnen getrennt haben oder glaubten, es tun zu können, und uns vorgestellt haben, dass wir es getan haben. Was im EINSSEIN ist, kann jedoch nicht getrennt werden.

Aufgewühltheit zeigt, dass wir uns für das Ego entschieden haben. Wo wir in das Ego investieren, dort investieren wir in Schuld, Selbstbestrafung und Projektion, die eine Schuldzuweisung ist. Die Dunkelheit des Egos und die lichtvolle Schöpfung GOTTES haben gegensätzliche Glaubenssysteme. Sie basieren auf derselben Polarität wie das Ego und unsere Wesensnatur als GOTTES KIND. Die Glaubenssysteme des Egos führen wie jeder Konflikt zur Kreuzigung. Dualität und Kreuzigung gehen Hand in Hand, werden jedoch kompensiert. Wir könnten uns stattdessen selbst vergeben und uns dafür entscheiden, auch anderen Menschen und der Situation zu vergeben. Vergebung verbindet uns wieder neu, während Urteile und Trennung die Ursache allen Leidens sind. Vergib in jeder dunklen oder schmerzhaften Situation dir selbst, deinen Entscheidungen und deinen Glaubenssystemen, die diese Situation herbeigeführt haben. Vergebung ist der Weg nach Hause. Sie lindert deinen Stress und deine Erschöpfung und befreit dich von einem Teil deiner Last. Sie hilft anderen Menschen und dir selbst, und gleichzeitig hilft sie der Welt. Das höhere Bewusstsein weiß stets einen besseren Weg, während das Ego will, dass du alle anderen Menschen ebenso beschuldigst und angreifst wie dich selbst. Das höhere Bewusstsein lehrt den Weg des Friedens und der Harmlosigkeit, von dem Liebe, Freude, Fülle und Gesundheit herrühren. Wir alle tragen alten Schmerz und die Brüche des uralten Egos in uns, die es zu heilen gilt. Unser höheres Bewusstsein weist uns den Weg. Es lässt uns niemals im Stich, sondern tröstet uns und führt uns, damit wir unsere Seelenlektion wahrhaftig lernen und unsere dunklen Lektionen wahrhaftig verlernen, sodass sich die Narben der Vergangenheit auflösen.

Wähle jetzt und wähle in jedem Augenblick neu, welchen Weg du gehen willst, wenn du deine Entscheidungen triffst.

5

Deine Gedanken erschaffen die Welt

Es sind nur deine Gedanken, die dir Schmerz verursachen. Nichts außerhalb von deinem Geist kann dich in irgendeiner Weise verletzen oder kränken. Es gibt keine Ursache jenseits von dir, die herabreichen und Bedrängnis bringen könnte. Niemand außer dir beeinflusst dich. Es gibt nichts in der Welt, was die Macht hat, dich krank oder traurig, schwach oder gebrechlich zu machen. Du aber bist es, der die Macht hat, alle Dinge, die du siehst, dadurch zu beherrschen, dass du einfach wiedererkennst, was du bist.

Ein Kurs in Wundern, Ü-I.190.5:1-6

Jeder Gedanke, den wir haben, zeichnet die Welt vor, die wir sehen. Jeder Gedanke erschafft etwas. Unsere Gedanken umfassen auch die statischen Gedanken unserer Glaubenssätze, zu denen uralte Glaubenssätze gehören, die wir auf einer Seelenebene in dieses Leben mitgebracht haben. Sie umfassen außerdem die tiefsten Schattenfiguren und Glaubenssätze über uns selbst, die wir verdrängt haben. Das ist das Problem mit Verdrängung. Sie sperrt die Emotion des Schmerzes oder der Schuld in uns ein, und ungeachtet der Tatsache, dass wir sie nach außen projiziert haben und verleugnen, bestimmt sie nach wie vor unser Leben und unsere Welt. In *Ein Kurs in Wundern* heißt es, dass es keine neutralen Gedanken gibt. Ein Gedanke programmiert Dinge auf positive oder negative Weise. Er baut auf oder zerstört. Er geht entweder auf das Leben oder auf den Tod zu. Er geht entweder auf das Licht oder auf die Dunkelheit zu.

Nur durch meine Gedanken werde ich beeinflusst.

Ein Kurs in Wundern, Ü-II.338

Wir sind nicht nur für unsere Emotionen und unser Verhalten verantwortlich, sondern auch für die Gedanken, die sie hervorbringen. Dabei gibt es zahllose Gedanken, derer wir uns überhaupt nicht bewusst sind. In einer Studie habe ich einmal gelesen, dass ein Mensch etwa 2.000 Gedanken denkt, während er im Auto eine Strecke von drei Kilometern zurücklegt, sich aber nur eines Bruchteils dieser Gedanken bewusst ist. Du kannst die Welt ändern, indem du dein Denken änderst. Das gibt dir deine Macht zurück. Dieses Prinzip gibt dir die Macht, die Welt zu verändern. Du kannst deine Anhaftungen loslassen. Du kannst die dunklen Glaubenssätze finden, aus denen dein Ego besteht. Du kannst vergeben, sodass sowohl du selbst als auch andere Menschen befreit werden. Du kannst die Welt zurückgewinnen und deinem Geist den Frieden und neue Ganzheit bringen. Deshalb brauchst du nichts von dem, was außerhalb von dir in der Welt zu finden ist. Du bringst der Welt stattdessen Gaben und Segnungen, die dich erfüllen, während du sie gibst. Wenn wir das Ego und seine zu Bedürfnissen, Enttäuschung und Groll führenden Wünsche und Begierden verlieren, befreien wir uns von egobehafteten Hüllen. Wir werden bewusster, reicher und in höherem Maße fähig, unsere Gaben zu verwirklichen, und wir bringen Licht und Glück in die Welt. Wir entwickeln uns hin zu der Erkenntnis, dass wir reiner Geist sind und dass wir noch immer so sind, wie GOTT uns geschaffen hat.

Die Welt ist dein Paradigma

Die Welt, die du wahrnimmst, zeigt dir dein Paradigma auf. Dein Paradigma ist das Gedankensystem, das deine Welt formt. Es ist dein Glaubensmodell über die Welt, nach dem du handelst. Es ist die Grundlage dessen, was deine Welt zu dem macht, was sie in deiner Überzeugung ist. Meist besteht es aus einem Gemisch grundlegender Glaubenssysteme, die religiöse, wissenschaftliche, kulturelle, nationale, lokale familiäre und persönliche Glaubenssätze zum Inhalt haben. Dazu kommt der *Zeitgeist*, und fertig ist das Paradigma. Manche Menschen halten an der *Wissenschaft* als dem einzigen realen Weg fest, die Welt zu betrachten, aber die Wissenschaft ist aus einem philosophischen Weltbild hervorgegangen, das vor einigen hundert Jahren in Europa entstanden ist.

Meine Berufung im Leben ist es, Menschen zu helfen, sich aus Schmerz und Konflikten zu befreien und einen Weg zu finden, der sie über den Ort hinausbringt, an dem sie feststecken. Deshalb habe ich nach Lösungen gesucht, die sowohl inspirierend als auch erfolgreich und praktisch umsetzbar sind. Mein Paradigma hat sich im Laufe meiner Arbeit immer wieder verändert: von dem Wunsch, Menschen zu lieben und ihnen zu helfen, über den Wunsch, Menschen zu lieben und ihnen auf einer psychologischen Ebene zu helfen, bis hin zu dem Wunsch, Menschen zu lieben und ihnen auf einer psychologischen und spirituellen Ebene zu helfen. Dies kennzeichnet meinen eigenen Entwicklungsweg in Bezug auf das, was nicht nur zeiteffizient, sondern auch besonders wirksam ist, um diese Aufgabe zu erfüllen.

Ich erkannte im Laufe meiner Arbeit, dass das, was bei einer normalen Therapie ein Jahr oder noch länger zur Heilung benötigt, mithilfe spiritueller Methoden manchmal in nur einer einzigen Sitzung geheilt werden kann. Meine Entwicklung schreitet voran durch die Heilung der Probleme, vor die ich gestellt werde. Ich entdecke bessere Möglichkeiten, anderen Menschen zu helfen, indem ich an meinen eigenen tief unbewussten Mustern arbeite und diese Seelenlektionen lerne. Das befähigt mich, mehr Menschen darin zu unterstützen, ihre tiefsten Seelenlektionen und chronischen Probleme zu überwinden. Bei meinem eigenen Streben nach immer größerem Glück stelle ich fest, dass der Weg voran darin liegt, jeden und alles so umfassend wie möglich zu lieben, mich selbst eingeschlossen. Ich beginne mit den Menschen in meiner Umgebung und gehe dann über den Ort hinaus, an dem ich mich niedergelassen und angepasst habe. So kann ich einen Weg gehen, der mich voranbringt und der mir, meiner Familie und meinen Freunden hilft.

Betrachte nun einmal deine Welt und dein Leben. Welche Grundlagen formen deine Welt? Du wirst vermutlich feststellen, dass du drei grundlegende Glaubenssätze hast, die zeigen, was deine Welt dir spiegelt. Schreibe sie nieder und denke darüber nach.

1. Die Welt ist ...
2. Die Welt ist ...
3. Die Welt ist ...

Machen sie dich glücklich? Nicht nur vergnügt, sondern wirklich glücklich? Bergen diese drei Glaubenssätze ein Element der Angst, der Selbstgerechtigkeit oder der Schuldzuweisung in sich? Dann schaust du auf zukünftigen Schmerz und auf den Teufelskreis aus Beherrschung und Unterwerfung, Recht und Unrecht, Überlegenheit und Unterlegenheit, Gewinnen und Verlieren und schließlich Häme und Schmollen. Diese Dinge machen dich nicht glücklich. Wenn die drei grundlegenden Glaubenssätze über die Welt nicht eine Gesinnung zum Ausdruck bringen, die will, dass jeder gewinnt, ist Leiden die Folge. Sind es Glaubenssätze deines Egos oder deines höheren Bewusstseins? Eine der größten Lektionen im Leben besteht darin, dass du lernst, den Unterschied zwischen diesen beiden Aspekten deines Bewusstseins zu erkennen. Es ist eine Lektion, bei der es um die Fähigkeit zur Unterscheidung geht. Dein höheres Bewusstsein ist mit dem HIMMEL verbunden und hat einzig und allein dein Wohl im Sinn. Dein Ego interessiert sich nicht wirklich für dich. Es will lediglich seinen eigenen Weg gehen und sein eigenes Leben aufbauen.

Du kannst dir einen Glaubenssatz zu eigen machen, der die Philosophie der Heilung zum Inhalt hat. Er kann zum Beispiel lauten: Alles, was in meinem Umfeld nicht glücklich ist, kann durch meine Heilung in Ordnung gebracht werden. Ich bin verantwortlich für die Welt, die mich umgibt, und ich habe die Macht, sie durch meine Heilung zu verändern. Dazu ist unser höheres Bewusstsein da: Es soll uns helfen, durch unsere Heilung die schweren Lasten zu stemmen. Mache dir ein Weltbild zu eigen, das sowohl dir als auch den Menschen in deiner Umgebung entweder durch deine Reife und deinen Erfolg oder durch deine Hilfsbereitschaft und deine Großzügigkeit hilft. Dich von deiner besten Seite zu zeigen, beschleunigt die Entwicklung deiner Seele hin zu der Erkenntnis, dass du reiner Geist bist. Auf dem Weg entdeckst du ein höheres Maß an Liebe, Glück, Macht und Fülle. Frieden wächst in dir in dem Maße, in dem du Heilung erlangst. Dein Ego löst sich Stück um Stück auf. Je mehr dein innerer Frieden wächst, umso mehr wächst auch dein Geist.

Die Wurzel aller Probleme liegt in Trennung. Stelle dir vor, dass dein inneres Licht sich mit dem inneren Licht aller an der Situation beteiligten Menschen verbindet. Bitte das GÖTTLICHE LICHT, sich in der Situation einzufinden und alle daran beteiligten Menschen zu einen. Tue es, bis du einen Ort tiefen Friedens erreichst. Tue es, bis die Situation geklärt und von Frieden erfüllt ist. Wiederhole den Prozess immer dann, wenn du an die Situation denkst.

6

Jeder Gedanke

Jeder Gedanke, den du hast, bildet ein Segment der Welt, die du siehst. Es sind demnach deine Gedanken, mit denen wir arbeiten müssen, wenn deine Wahrnehmung der Welt verändert werden soll.

Ein Kurs in Wundern, Ü-I.23.1:4-5

Mein Geist erschafft die Welt.

Buddha

Unsere Gedanken erschaffen die Welt. Es ist offensichtlich, dass wir die meisten unserer Gedanken entweder verbergen oder uns ihrer gar nicht bewusst sind. Unsere Gedanken fließen durch uns hindurch wie ein Strom, und wir erkennen nicht, dass wir uns für sie entscheiden. Unsere dunklen Gedanken programmieren uns und unsere Welt jedoch unabhängig davon, ob wir uns ihrer bewusst sind oder sie vor uns selbst verbergen. Alle Gedanken, die wir denken, erschaffen unaufhörlich unsere Welt, wie wir sie sehen und wie wir sie wahrnehmen. Die Tatsache, dass unsere Gedanken die Welt erschaffen, legt die Verantwortung zurück in unsere Hände. Das hilft uns zu erkennen, dass wir nicht das Opfer der Welt sind, in der wir leben, und dass das, was wir in der Welt sehen, von *unserem* Denken herrührt. Manchmal haben wir unsere Gedanken und Wünsche ähnlich wie unsere Alpträume in sehr tiefe Bereiche des Bewusstseins verbannt.

Jeder Gedanke, den wir denken, rührt von einem Selbstkonzept her. Jedes Selbstkonzept hat ein Ziel, von dem es glaubt, dass es Glück bringt. Das Selbstkonzept ist jedoch selbst das Produkt eines gespaltenen Bewusstseins. Während es uns also ein bestimmtes Ziel vorgibt, schätzen wir gleichzeitig insgeheim auch die Unabhängigkeit, die uns die Spaltung eingebracht hat. Wir schätzen insgeheim den Schmerz, den wir empfunden haben, als das Selbstkonzept entstanden ist, weil der Schmerz die Spaltung und das Selbstkonzept aufrechterhält.

Jedes Selbstkonzept ist ein Ziegelstein in der Mauer der Trennung. Wir fürchten uns also davor, das zu finden, wonach wir suchen, weil die Verbundenheit, die entsteht, wenn ein Ziel erreicht wird, das betreffende Selbstkonzept als überflüssig auflösen würde. Das Ego will uns dazu überreden, von anderen Menschen zu nehmen oder zu bekommen, vor allem dann, wenn das vorgegebene Ziel mit Bedürfnissen und Anhaftung zu tun hat. Nehmen führt letztendlich jedoch nur zu einem noch höheren Maß an Schmerz, Unzufriedenheit und Enttäuschung. Das vergrößert das Bedürfnis, den Schmerz und die Trennung, die das Ego ursprünglich benutzt hat, um seine Macht aufzubauen. Allein der Versuch, von anderen Menschen zu nehmen, kann zu Verletztheit und Herzensbruch führen. Das ist niederschmetternd für uns, aber gut für das Ego. Es gibt keine Verletztheit und keinen Herzensbruch, der nicht eine Form von Anhaftung und den Versuch verbirgt, von einem anderen Menschen zu nehmen.

Um Heilung zu erlangen, müssen wir zu unseren Gedanken zurückkehren. Wir können jeden Gedanken untersuchen und eine neue Entscheidung treffen. Wenn die Entscheidung zu einer negativen Wirklichkeit geworden ist, können wir ihr und uns selbst dafür vergeben, dass wir sie getroffen haben. Wir können auch unsere Selbstkonzepte loslassen, damit unser Geist stiller wird. Je stiller unser Geist wird, umso mehr können wir uns der Führung des höheren Bewusstseins überlassen. Es gibt uns die Antwort und schenkt uns ein höheres Maß an Frieden, Glück und Erfolg. Je stiller unser Geist wird, umso präsenter sind wir und umso mehr können wir die GÖTTLICHE PRÄSENZ erfahren, die unsere Selbstliebe mehrt.

Wir können die Welt verändern, indem wir unsere Gedanken über die Welt verändern. Die Dunkelheit und die Trennung, die aus unseren Urteilen entstanden sind, erhalten die Trennung aufrecht. Unsere Gedanken erhalten die Trennung aufrecht, solange wir nicht heilende, freudvolle Gedanken denken. Vergebung, Geben und Liebe fügen die getrennten Fragmente in neuer Integration wieder zusammen. Die Ganzheit wird wiederhergestellt, und dies ist auch die Bedeutung der frühen Wurzel der englischen Wörter *heal* (heilen), *whole* (ganz oder heil) und *holy* (heilig). Wir mögen unsere Gedanken verbergen, indem wir sie verleugnen, aber wenn wir sie denken, haben sie dennoch eine Auswirkung auf uns und auf die Welt. Wir können unsere Effektivität nur zurückgewinnen und etwas in unserem Leben und in der Welt verändern, indem wir Verantwortung übernehmen.

7

Dein Bild der Welt

> Dein Bild der Welt kann nur das spiegeln, was innen ist. Weder die Quelle des Lichts noch die der Dunkelheit ist außen zu finden. Groll trübt deinen Geist, und du schaust auf eine dunkel gewordene Welt hinaus. Vergebung hebt die Dunkelheit auf, macht deinen Willen wieder geltend und lässt dich eine Welt des Lichts erblicken.
>
> *Ein Kurs in Wundern*, Ü-I.73.5:1-4

Deine Wahrnehmung und deine Erfahrung kommen von innen. In *Ein Kurs in Wundern* und anderen spirituellen und metaphysischen Texten heißt es, dass alles zum Besten geschieht. Wenn der Zweck der Zeit darin besteht, über sie hinauszugelangen, dann muss alles, was in Dunkelheit in uns verschüttet liegt, herauskommen, um dieses Wachstum hin zur Zeitlosigkeit zu unterstützen. Was dunkel ist, muss durch Vergebung in Licht verwandelt werden. Der Zweck der Welt besteht in Heilung, und dazu ist es notwendig, dass wir sowohl lernen als auch verlernen. Was wir in der Welt sehen und erfahren, ist ein Spiegel unseres eigenen Bewusstseins. Damit wir Frieden und Glück erfahren können, damit wir über alle Probleme hinausgelangen können, müssen wir alle verborgenen Orte in unserem Bewusstsein heilen. Deshalb heißt es in *Ein Kurs in Wundern*, dass Dankbarkeit die beste Einstellung gegenüber anderen Menschen ist. Andere Menschen zeigen uns entweder Liebe oder die Dunkelheit, die wir in uns tragen. Sie zeigen uns, was wir so gut vor uns selbst verborgen haben, dass wir es auf uns selbst gestellt kaum hätten finden können. Sie verdienen unsere Dankbarkeit, weil sie uns gezeigt haben, was wir in *uns* tragen. Unsere Vergebung befreit sowohl sie als auch uns selbst. Wir haben einen Gegner zu einem Verbündeten gemacht. Vergebung heilt den inneren Konflikt. Sie heilt unsere widerstreitenden Glaubenssysteme, die unsere äußere Erfahrung uns zeigt. Vergebung bringt der Welt, wie wir sie sehen, Licht und neue Ganzheit und erzeugt so ein höheres Maß an Fluss.

8

Die Welt, die ich sehe, existiert nicht

> Die Psychotherapie muss ihm also wieder die Fähigkeit zu Bewusstsein bringen, seine eigenen Entscheidungen zu treffen. Er muss willens werden, sein Denken umzukehren und zu verstehen, dass das, wovon er dachte, es projiziere seine Wirkungen auf ihn, von seinen Projektionen auf die Welt gemacht wurde. Die Welt, die er sieht, existiert daher nicht. Solange das nicht zumindest teilweise akzeptiert wird, kann der Patient sich nicht als wirklich fähig betrachten, Entscheidungen zu fällen. Und er wird gegen seine Freiheit ankämpfen, weil er denkt, sie sei Sklaverei.
>
> Psychotherapie: Zweck, Prozess und Praxis, P-1.4:1-5

Wir sind nicht hilflos. Wir können unser Denken ändern. Wir können unsere Projektionen zurücknehmen. Wir können der Welt vergeben, und wir können uns selbst dafür vergeben, dass wir auf die Welt projiziert haben. Dr. Hew Len hat das uralte hawaiianische Heilungsritual praktiziert, das als Ho'oponopono bezeichnet wird. Auf der Grundlage seiner Erfolge und seiner Eingebung hat er eine moderne Anwendungsform dieser Prinzipien entwickelt, der er ebenfalls den Namen Ho'oponopono gegeben hat. Dabei schauen wir auf die Welt und entschuldigen uns für unsere Projektion. „Es tut mir leid. Bitte vergib mir. Danke. Ich liebe dich."

Er konnte mithilfe dieser einfachen Methode viele psychiatrische Patienten heilen, indem er sie ganz einfach immer wieder anwandte. Dabei begegnete

...atienten niemals persönlich. Er betrachtete lediglich ihre Fotos und die Worte des Rituals. Später wurde er von seinen Mitarbeitern darin unterstützt, bis fast alle Patienten der Klinik geheilt waren. Wir bevölkern die Welt mit unseren Selbstkonzepten, von denen manche auf einer Ahnenebene innerhalb der Familie an uns weitergegeben werden, während wir andere aus „anderen Leben" in dieses Leben mitgebracht haben. Die Welt, die wir sehen, entspringt unserem Geist. Weil sie in unserem Geist ist, können wir sie verändern.

Die, die erwacht sind, wissen, dass die Welt nicht existiert. Sie wissen, dass die Welt ihr Traum ist, der Film ihres Bewusstseins, in dem alle Rollen von ihren eigenen Selbstkonzepten besetzt sind. So begreifen wir allmählich, dass wir nicht hilflos sind. Wir haben die Macht der Wahl. Wir haben die Macht, unsere Projektionen zu verändern und zu erkennen, dass das, was die Welt uns unserer Meinung nach angetan hat, in Wirklichkeit das ist, was wir der Welt durch unsere Projektionen angetan haben. Wenn wir nicht das Opfer der Welt bleiben wollen, die wir sehen, lernen wir, dass wir die Verantwortung für sie tragen. Und auch wenn es für jeden einzelnen Menschen vermeintlich eine zu große Aufgabe sein mag, die Welt zu heilen, können wir durch Vergebung dennoch viel erreichen.

Ich sage in meinen Workshops oft scherzhaft, dass jeder von uns in jedem Leben so viel zu heilen hat, dass es dafür mindestens zweieinhalb Leben braucht, und das berücksichtigt nur unsere Heilung auf der persönlichen, unmittelbaren Ebene. Es berücksichtigt nicht die Heilung, die in der Welt insgesamt stattfinden muss. In Begleittexten zu *Ein Kurs in Wundern* heißt es, dass es viele Millionen Jahre gedauert hat, bis die Welt zu diesem Maß an Trennung gelangt ist, und dass es ebenso viele Millionen Jahre und vielleicht sogar noch länger dauern kann, um zum EINSSEIN zurückzugelangen.

Eine meiner liebsten – und eine der einfachsten – Übungen der Vergebung hat mich *Ein Kurs in Wundern* gelehrt. Dazu ziehen wir zuerst das Problem in der Welt, die unsere Projektion ist, zurück und stellen es auf den Altar unseres Geistes. Der Altar befindet sich im Zentrum unseres Geistes und steht für das, was wir GOTT und dem Leben darbieten. Neben das Problem, das wir zurückgezogen haben, stellen wir die Vergebung. Für einen Augenblick sind beide noch getrennt, aber dann setzt sich die Vergebung durch und löst die Projektion, die Illusion, das Selbstkonzept und das Problem auf. Manchmal bringt diese Übung uns Erleichterung und der Welt unmittelbare Befreiung. Manchmal tragen wir in vielen Leben angesammelte Glaubenssätze in uns, die der Heilung bedürfen. Diese Übung ist jedoch so einfach, dass wir sie problemlos viele Male wiederholen können. Wir können sie auf gegenwärtige Probleme und alte Traumen anwenden – auf alles, was uns aus der Vergangenheit oder in der Gegenwart quält.

9

Es gibt keine Welt

Es gibt keine Welt losgelöst von deinen Wünschen, und darin liegt deine letztendliche Befreiung. Du brauchst nur dein Denken über das zu ändern, was du sehen willst, und die ganze Welt muss sich entsprechend auch verändern. Ideen verlassen ihre Quelle nicht. Es ist nicht Stolz, der dir sagt, dass du die Welt gemacht hast, die du siehst, und dass sie sich verändert, wenn du anderen Geistes wirst.

Ein Kurs in Wundern, Ü-I.132.5:1-3,5

Stolz aber ist es, der behauptet, du seist in eine Welt gekommen, die ganz getrennt von dir ist, die unzugänglich ist für deine Gedanken und völlig unabhängig davon, was du zufällig von ihr denkst. Es gibt keine Welt!

Ein Kurs in Wundern, Ü-I.132.6:1-2

Dies ist eines der wichtigsten Elemente der Eigenverantwortung. Anders als viele indirekte und sanfte Prinzipien der Eigenverantwortung weist es uns direkt und unmittelbar darauf hin, dass wir für alles verantwortlich sind, was in unserem Leben geschieht. Unsere nächtlichen Schlafträume sind Wunscherfüllung. Der Wachtraum, den wir während des Tages träumen, ist ebenfalls Wunscherfüllung. Unsere Gedanken legen unsere Welt fest, und der großen Mehrzahl unserer Gedanken sind wir uns nicht einmal bewusst. Gedanken, die für widrige Ereignisse in unserem Leben verantwortlich sind, haben wir am tiefsten vor unserem bewusstes Denken verborgen. Wenn wir uns einen bewussten Blick auf das erlauben würden, was wir uns angetan haben oder uns in der Zukunft antun wollen, würden wir es nicht zulassen.

Ein Wunsch ist der Versuch, ein Bedürfnis erfüllt zu bekommen. Wenn wir über uns selbst urteilen, spalten wir Anteile unseres Bewusstseins ab, verdrängen sie und projizieren sie dann nach außen auf die Welt. Obwohl wir das, was wir verurteilt haben, in Wirklichkeit nach wie vor in uns tragen, lassen sowohl die Abspaltung als auch die Projektion uns scheinbar leer und damit bedürftig zurück. Deshalb suchen wir in der Welt nach dem, was wir verurteilt und zurückgewiesen haben. Wir empfinden Schuld, die von unserem Urteil und von der Trennung und Spaltung unseres Bewusstseins herrührt. Bei jeder Form von Trennung entstehen Schuld, Angst und andere Emotionen, um die Trennung zu verstärken und unsere Verbundenheit zu zerstören. Wir tragen verborgene Schuld für Ereignisse in uns, die wir anderen Menschen zur Last legen, obwohl wir selbst die Trennung herbeigeführt haben. All das hätte vermieden werden können, wenn wir anderen Menschen geholfen hätten, statt über sie zu urteilen und sie als Ausrede zu benutzen, um uns zu trennen.

Wenn wir Schuld in uns tragen, wünschen wir uns Dinge, die uns von unserer Schuld ablenken sollen. Wir dissoziieren die Schuld, brauchen dann aber Drama, Gewalt und Gefahr, um überhaupt fühlen zu können. Das kann rasch dazu führen, dass wir uns aufopfern, weil wir unfähig sind, zu empfangen oder zu genießen. Aufopferung hat Schwelgen zur Folge oder bringt uns dazu, einer gefährlichen Arbeit oder Freizeitbeschäftigung nachzugehen, damit wir etwas fühlen können. Vielleicht versuchen wir auch, uns abzulenken und mit anderen Dingen zu beschäftigen. Eine weitere Möglichkeit, unsere unerträgliche Schuld zu lindern, besteht darin, dass wir andere Menschen oder Ereignisse dazu bringen, uns zu bestrafen. Es gibt kein negatives Ereignis, das nicht irgendeine Form von Selbstbestrafung für unsere illusionäre Schuld in sich birgt. Unsere Schuldgefühle sind keine Illusion, aber die Schuld selbst ist eine Illusion, weil sie keine Verbindung zur Wahrheit hat.

Gott hat uns im Akt der Schöpfung an seiner Unschuld teilhaben lassen. Das Ego hat die Schuld in seinem Wahn und seiner Arroganz geschaffen, um seine Macht auf unsere Kosten zu vergrößern. Aus der Sicht Gottes und des reinen Geistes wird „niemand für seine Sünden bestraft, und die Söhne Gottes sind keine Sünder." (*Ein Kurs in Wundern*, T-6.I.16:4) Gott als die Unschuld sieht nur Unschuld. Allein das Ego fordert unsere Bestrafung und die Bestrafung anderer Menschen, die nur dem Zweck dient, die Schuld im Interesse des Egos zu verstärken.

Es gibt viele irrige Gründe dafür, dass dunkle Ereignisse in unserem Leben geschehen, aber wir sind aufgerufen, genau diese Dynamiken und dunklen Beweggründe zu heilen. Wenn wir es nicht tun, ziehen diese dunklen Ereignisse weitere dunkle Ereignisse nach sich, bis das Muster durch Heilung schließlich verändert wird.

Eine Möglichkeit, mit den verborgenen Wünschen in Berührung zu kommen, die dein Leben ins Chaos stürzen, besteht darin, so zu tun, als hättest du das, was geschehen ist, tatsächlich gewollt. Rufe dir ein negatives Ereignis in deinem Leben ins Gedächtnis. Wir wissen beide, dass du nicht wolltest, dass es geschieht, wollen aber einmal so tun, als hättest du es gewollt. Tue so, als hättest du gewollt, dass es geschieht.

Warum wolltest du, dass es geschieht?

Was glaubtest du durch dieses Ereignis zu bekommen?

Was wolltest du gewinnen, indem du zugelassen hast, dass das Ereignis so geschieht, wie es geschehen ist?

Welches Bedürfnis wolltest du erfüllt bekommen?

Welche Schuld wolltest du tilgen?

Wovor hast du dich gefürchtet und gehofft, dass dieses Ereignis dich davor bewahren würde?

Welches positive Bild des Egos wolltest du verstärken, indem du dafür gesorgt hast, dass dieses Ereignis geschieht?

Schuld und Sünde

Glaubenssätze über Sünde und Schuld, die von Projektion herrühren, haben eine besonders zerstörerische Wirkung. Mit diesen Gedanken und mit den Emotionen, die sie zutage fördern, wenden wir uns vom Licht ab. Wir wenden uns gegen uns selbst, greifen uns selbst an und verlieren unsere Unschuld, unseren Selbstwert und unsere Liebenswürdigkeit. Unser Selbstangriff nährt den Angriff auf andere Menschen, der wiederum unseren Selbstangriff nährt. Dieser Teufelskreis aus Angriff und Selbstangriff wird zum Fundament des Egos.

Angriff geht auch einen Teufelskreis mit Schuld ein, und Schuld bildet immer einen Teufelskreis mit Selbstbestrafung und Schuldzuweisung. Sünde ist die Vorstellung, dass wir etwas falsch gemacht haben und uns mit den Auswirkungen unseres Handelns abfinden müssen. Du weißt vielleicht nicht einmal, was die obigen Fragen bedeuten, wirst aber dennoch intuitive Antworten darauf erhalten. Frage dich, zu wie viel Prozent du dich in diesen Bereichen schuldig fühlst. Manche der Gründe, die du für deine Schuld anführst, mögen in dem Sinne „wahr" sein, dass sie dem Anschein nach feststellbar sind, aber die *Schuld* ist nicht die Wahrheit. Es ist also nicht nur die Schuld, sondern es sind auch die Gründe für die Schuld, die der Heilung bedürfen. Schuld verstärkt den Fehler. Sie hindert dich daran, die Lektion zu lernen. Sie hindert dich daran, den Fehler zu berichtigen. Sie hält dich in einem Kreislauf aus Selbstangriff und Angriff gefangen. Du kannst unmöglich nur dich selbst bestrafen, weil du immer auch die Menschen in deiner Umgebung durch Angriff oder Rückzug bestrafst.

Woher Schuld rührt

1. Dinge, von denen wir glauben, sie falsch oder nicht richtig gemacht zu haben
2. Dinge, die wir in unseren Beziehungen und in unserer Familie getan und nicht getan haben
3. Unterbewusste Schuld: Dazu gehören alle Fehler, negativen Ereignisse und schlechten Gefühle in unserem Leben. Es handelt sich um falsche Entscheidungen, die wir getroffen haben, und jede Situation in unserem Leben birgt eine Form von Kollusion.
4. Orte, an denen wir unseren Partner und unsere Familie nicht vor sich selbst und ihrem Schmerz gerettet haben
5. Unbewusste Schuld: Diese Schuld rührt von Fehlern her, die wir auf unserer Seelenreise gemacht haben. Es handelt sich um die Metaprogramme, die unser Leben prägen.
6. Ahnenschuld
7. Schuld aus vergangenen Leben
8. Schuld, die von unserer falschen Geisteshaltung herrührt
9. Kollektive Schuld
10. Astrale Schuld

11. Dunkle Nächte der Seele, die vom uralten Fall aus dem Einssein zeugen
12. Unsere Autoritätskonflikte, die auch unseren Kampf mit Gott einschließen
13. Der Fall aus dem Zustand der Gnade, bei dem wir im ursprünglichen Traum der Trennung geträumt haben, dass wir das Einssein verlassen haben

Welchen Groll gegen dich selbst, der unter Groll gegen andere Menschen verborgen liegt, kannst du nun loslassen? Welche Urteile über andere Menschen, die deine Urteile über dich selbst verbergen, kannst du nun loslassen? Wofür kannst du dir selbst und anderen Menschen vergeben? Kannst du Schuld entschlossen loslassen? Wir bestrafen uns für diese Dinge, sind uns dessen größtenteils aber nicht einmal bewusst. Weil wir Schuldgefühle nicht ertragen können, vergraben wir sie, und daraus entstehen das Unterbewusstsein und das Unbewusste. Sie machen es schwieriger, die furchtbaren Illusionen aufzuspüren und zu klären, für die wir uns selbst bestrafen.

Gott liebt uns und sieht uns als unschuldig. Wir sind sein kostbares Kind, und er würde alles für uns tun. Wir benutzen dagegen chronische Schuld als Werkzeug, um ihn zu bekämpfen und an der Welt festzuhalten, weil wir glauben, dass wir etwas von ihr bekommen können. Nur wenn wir nicht verhaftet sind und mit leeren Händen kommen, kann uns ein neuer Weg gezeigt und unserer Schau eine neue Welt des Himmels auf Erden eröffnet werden.

> Es gibt keine Welt losgelöst von deinen Wünschen, und darin liegt deine letztendliche Befreiung. Du brauchst nur dein Denken über das zu ändern, was du sehen willst, und die ganze Welt muss sich entsprechend auch verändern. Ideen verlassen ihre Quelle nicht. Es ist nicht Stolz, der dir sagt, dass du die Welt gemacht hast, die du siehst, und dass sie sich verändert, wenn du anderen Geistes wirst.
> *Ein Kurs in Wundern,* Ü-I.132.5:1-3,5

10

Die Entscheidung
für unsere Wahrnehmung

> Jeden Tag, jede Stunde, jeden Augenblick wähle ich, worauf ich schauen will, die Geräusche, die ich hören will, und die Zeugen dessen, wovon ich möchte, dass es die Wahrheit für mich sei.
>
> *Ein Kurs in Wundern*, Ü-II.271.1:1

Diese Tatsache leuchtet nur Menschen ein, die ein hohes Maß an Bewusstheit besitzen. Meist liegt sie unter Schichten der Verleugnung und den Verschleierungsversuchen des Egos vergraben, das weder will, dass wir Verantwortung übernehmen, noch, dass wir stark sind. Das Ego ist aus einem Gefühl der Ungerechtigkeit heraus geboren. Es will, dass wir schwach sind, und es will, dass wir Opfer sind, weil es diese Dinge benutzt, um Trennung zu erzeugen und aufrechtzuerhalten.

Bei einem dreitägigen Seminar, das ich 1989 in Vancouver leitete, machte ich am zweiten Tag eine äußerst verblüffende Erfahrung. Ich bemerkte, dass die Gruppe kollektiv entschied, was ein Teilnehmer sagen würde, und zwar sechs Sekunden, ehe es tatsächlich geschah. Ich beobachtete das Phänomen etwa zehn Minuten lang. Dann konnte ich nicht mehr länger an mich halten und fragte, ob noch jemand diese Erfahrung machte. Ein Drittel der Teilnehmer im Raum hob die Hand und erklärte, es ebenfalls bemerkt zu haben. Wir beobachteten eine Weile, wie die Situation sich weiter entwickelte, und berichteten über unsere jeweilige Wahrnehmung. Nach etwa zwanzig Minuten konnten laut eigener Aussage zwei Drittel der Teilnehmer „sehen", dass das, was passierte, infolge einer nahtlosen Übereinstimmung zwischen allen Anwesenden im Raum geschah. Diese Erfahrung war einerseits verblüffend, kam mir gleichzeitig aber auch ganz natürlich, fast alltäglich und wenig bemerkenswert vor. Sie reichte aus, um mich davon zu überzeugen, dass wir uns für unsere Erfahrung entscheiden. Und obwohl das Ego versucht hat, dieses Prinzip für seine Zwecke zu missbrauchen, ist diese Erkenntnis tatsächlich ein Weg zur Freiheit. Manchmal ist es dem Ego sogar für eine Weile gelungen, Schuld und Selbstangriff an die Stelle zu setzen, die Verantwortung und Macht einnehmen sollten. Ich weiß jedoch, dass dieses Prinzip unsere Verantwortung und *nicht unsere Schuld* zeigt.

Ich weiß, dass alles, was geschieht, ungeachtet der Einschätzung unseres Egos zum Besten geschieht, wenn Heilung das vorrangige Ziel ist. Das Ego will negative Situationen herbeiführen, weil sie ihm Trennung, Unabhängigkeit und Besonderheit einbringen. Es will sie benutzen, um andere Menschen und den HIMMEL zu beschuldigen und in einen Kampf zu verwickeln. Es will die Zeit benutzen, um weltliche Dinge zu bekommen. Das höhere Bewusstsein will negative Situationen benutzen, um Heilung zu bewirken. Alles entfaltet sich auf die höchstmögliche Weise angesichts dessen, was der Heilung bedarf. Diese Dinge steigen zur Oberfläche empor und greifen uns gleichzeitig an. Wenn wir uns unserer inneren Konflikte bewusst werden, streben wir hoffentlich danach, Heilung zu erlangen, statt einen anderen Menschen für unsere Gefühle und Erfahrungen anzugreifen.

Wir untermauern die Schuld anderer Menschen durch emotionalen Schmerz und körperliches Leiden. Dies ist die Praxis, derer sich das Ego üblicherweise bedient. Das Ego benutzt Emotionen als Zeichen dafür, dass jemand anderer etwas falsch gemacht hat und dass *er* sich ändern muss. Unsere Emotionen sind jedoch unsere Verantwortung und zeigen uns, wo *wir* uns ändern müssen. Selbst wenn jemand bereit wäre, sich zu ändern, um unsere Bedürfnisse zu erfüllen, trügen wir den Konflikt nach wie vor in uns, der ähnliche Zwischenfälle säen würde, bis wir die Lektion schließlich lernen. Wenn wir uns weigern, eine bestimmte Lektion zu lernen, kann es sogar geschehen, dass sie zu einer Prüfung wird.

Wenn also widrige Dinge geschehen und wir emotional leiden, gewinnen wir unseren Frieden und unser Glück umso rascher zurück, je eher wir unsere Emotionen nutzen, um Heilung zu erlangen und einen besseren Weg einzuschlagen.

In dem Maße, in dem wir in unserem Heilungsprozess und in unserer Integrität und Ganzheit vorangelangen, wachsen auch unsere Bewusstheit und unsere Unschuld. Unschuld und Wahrheit gehen Hand in Hand. Wo es Schuld oder Schuldzuweisung gibt, dort sind wir nicht im Frieden. Wir haben ein gespaltenes Bewusstsein mit zwei völlig gegensätzlichen Vorstellungen, so als ob unser linkes und unser rechtes Bein in zwei unterschiedliche Richtungen gehen wollten. Das zeigt, dass unser Heilungsprozess nicht vollständig abgeschlossen ist und dass es noch mehr Dinge gibt, die wir heilen und lernen müssen. Unser Ego will keine Bewusstheit. Deshalb versucht es, sie durch Schuld zu verdunkeln und zu verhindern, dass wir die Klarheit der Eigenverantwortung erlangen, weil es aus Schuld und Verdunkelung aufgebaut ist. Obwohl das Ego scheinbar gegen alles kämpft, was uns schuldig macht, heißt es die Schuld gleichzeitig willkommen. Das Ego will ein gespaltenes Bewusstsein, weil *es* ein gespaltenes Bewusstsein ist. Das Maß unserer Bewusstheit entspricht dem Maß, in dem wir unsere Verantwortung und damit unsere Antwortfähigkeit annehmen. Schuld ist nicht antwortfähig. Sie ist reaktiv oder zieht sich zurück, ist aber nicht fähig, auf einen anderen Menschen einzugehen.

Wir wollen uns heute unserer Bewusstheit verpflichten, weil sie uns unsere Unschuld und die Unschuld aller anderen Menschen zeigt. Wenn alle Menschen ihre Unschuld erkennen würden, gäbe es keine Probleme auf der Welt. Wir hätten den HIMMEL auf Erden.

11

Wahrnehmung I

Die Wahrnehmung ist ein Spiegel, keine Tatsache. Und das, worauf ich schaue, ist mein Geisteszustand, der sich außen spiegelt. Ich möchte die Welt segnen, indem ich durch die Augen Christi auf sie schaue. Und ich werde auf die sicheren Zeichen dafür schauen, dass alle meine Sünden mir vergeben worden sind.

Ein Kurs in Wundern, Ü-II.304.1:3-6

Wahrnehmung ist das, was wir auf allen Ebenen sehen und erfahren. Sie ist der grundlegende Aspekt der Eigenverantwortung. Sie ist das Fundament, auf dem alle anderen Aspekte aufbauen. Unsere Wahrnehmung spiegelt die tiefsten Anteile unseres Seelenbewusstseins wider. Um das Unbewusste in all seiner Herrlichkeit zu sehen, brauchen wir uns nur umzuschauen. Was wir sehen, ist das, was wir über uns selbst glauben. Was wir an uns selbst nicht mögen, haben wir verurteilt und mitunter sogar Schattenfiguren daraus gemacht. Wenn wir über einen anderen Menschen urteilen, sagen wir im Grunde: „So bin ich nicht. Ich bin besser. Ich würde so etwas niemals tun." Wir spalten den Anteil ab, den wir verurteilen, und dann verdrängen wir ihn. Selbst dann, wenn wir diese Erkenntnis nicht verdrängen, verbergen wir sie für gewöhnlich durch Verleugnung und Kompensation, und solange wir unser Denken nicht wirklich hinterfragen, ist die Situation, die wir bei anderen Menschen sehen, das, was wir bei uns selbst verurteilt und abgespalten haben.

Die Welt ist unser Spiegel. Die Menschen in unserer Umgebung spiegeln unsere eigene Vergangenheit wider. Sie spiegeln das wider, was wir über uns selbst denken. Sie spiegeln Anteile unseres Bewusstseins wider, die wir verurteilt, zurückgewiesen, abgespalten und vergraben haben und mit denen wir nun in Konflikt stehen. Wenn wir über einen Menschen in der Welt urteilen, verstärken wir diesen Fehler. Wir trennen uns in noch höherem Maße von dem betreffenden Menschen, von uns selbst und vom HIMMEL. Urteile stärken das Ego, weil das Ego sich immer trennen will. Wir erfahren immer unseren eigenen Geisteszustand, der uns von der Welt zurückgespiegelt wird. Die Welt zeigt uns, was wir für unsere eigenen Sünden und für unsere eigene Schuld halten.

> Dein Bild der Welt kann nur das spiegeln, was innen ist. Weder die Quelle des Lichts noch die der Dunkelheit ist außen zu finden.
> *Ein Kurs in Wundern*, Ü-I.73.5:1-2

Die Welt ist unser Spiegel. Alles in ihr ist ein Ausdruck dessen, was in unserem Bewusstsein existiert. Die Welt spiegelt uns das zurück, was wir denken und was wir glauben. Da jeder Glaubenssatz ein Glaubenssatz über uns selbst ist, können wir unsere Selbstkonzepte und damit die Welt verändern. Das gibt uns unsere Befähigung und unsere Macht zurück. Wir können diese Glaubenssätze finden und loslassen. Wir können dem vergeben, was unserem Bewusstsein entspringt und sich in der Welt zeigt. Wir können uns selbst und unserem Glaubenssystem vergeben. Wir können andere Menschen, uns selbst und unser Glaubenssystem in der Form segnen, in der es sich in der Welt manifestiert. Segnen ist das Gegenteil von Urteilen. Segnen löst die Urteile und Selbsturteile auf, die Groll und Glaubenssätze aufrechterhalten. Wenn der Groll fort ist, ist auch das Problem fort, weil Groll das ist, was ein Problem am Leben erhält. Die Welt zu retten heißt nichts anderes, als zur Erkenntnis unserer Unschuld zurückzukehren. Dies wird durch Vergebung und Selbstvergebung erreicht. Wir reinigen den Spiegel, indem wir unser Bewusstsein von Angriff und Selbstangriff reinigen, indem wir es von Urteilen und Selbsturteilen befreien und indem wir es von dem Groll säubern, der unsere Schuld verbirgt. Die Welt zeigt uns, was wir projiziert haben, aber wir können uns stattdessen in Liebe öffnen und so beginnen, die Welt und unseren Geist zu einen.

Deshalb ist Vergebung so wichtig. Sie reinigt nicht nur den Spiegel, sondern lässt auch die verborgene Schuld los, die wir in uns tragen. Unsere Schuld hat sich durch Urteile und Angriffe angehäuft, die zu Selbstverurteilung und

Selbstbestrafung führen. Wir haben stets eine Wahl im Hinblick darauf, wie wir mit unserem Spiegel – mit uns selbst – umgehen wollen. Güte, Mitgefühl, Barmherzigkeit und Vergebung sind immer vonnöten. Vergebung ist immer für uns bestimmt. Sie transformiert die Welt, die durch Urteile und Groll entstellt wurde. Die Liebe zu anderen Menschen führt zur Selbstliebe, und Selbstliebe führt dazu, dass wir andere Menschen in noch höherem Maße lieben. Die höchste Form der Liebe und der Vergebung besteht darin, die Welt durch die Augen CHRISTI zu betrachten. Diese Betrachtungsweise steht für das, was Jesus erreicht hat, als er zum EINSSEIN mit GOTT und mit der Menschheit gelangte. Sie ist das, was ihn zum CHRISTUS gemacht hat.

Das CHRISTUS-BEWUSSTSEIN ist ein Ort des Friedens, der Unschuld, der Heiligkeit und der Vereinigung. Vergebung heilt die Vergangenheit, weil die Vergangenheit sich störend in unsere Gegenwart einmischt. Vergebung heilt Angst. Sie macht uns friedvoll und glücklich. Groll ist stets eine Machenschaft des Egos, mit der es seine Macht vergrößern oder seine Unversehrtheit sicherstellen will. Vergebung berichtigt unsere Wahrnehmung und erlaubt uns, die Hilferufe wahrzunehmen, wo zuvor nur Groll und Hass geherrscht haben.

Wahrnehmung ist eine Wahl

> Vergebung ist eine Wahl. Ich sehe meinen Bruder nie so, wie er ist, denn das ist weit jenseits der Wahrnehmung. Was ich in ihm sehe, ist lediglich das, was ich zu sehen wünsche, weil es für das steht, wovon ich möchte, dass es die Wahrheit sei. Auf das alleine reagiere ich, sosehr ich auch von äußeren Ereignissen bewegt zu werden scheine. Ich wähle, das zu sehen, worauf ich schauen möchte, und das sehe ich und nur das. Meines Bruders Sündenlosigkeit zeigt mir, dass ich auf meine eigene schauen möchte. Und ich werde sie sehen, da ich die Wahl getroffen habe, meinen Bruder in ihrem heiligen Licht zu erblicken.
>
> *Ein Kurs in Wundern*, Ü-II.335.1:1-7

Das ist der Weg, der uns unsere Unschuld zurückgewinnen lässt. Wir erkennen, dass andere Menschen so sind, wie sie nach unserem Wunsch sein sollen. Wir entscheiden, dass sie so sein sollen, wie sie sind, weil es unsere beste Ausrede dafür ist, das tun zu können, was wir unserer Meinung nach tun wollen, oder das nicht tun zu müssen, was wir unserer Meinung nach nicht tun wollen. Es ist unsere beste Ausrede dafür, uns nicht hundertprozentig geben zu müssen, obwohl außer Vergebung nur vollkommene Hingabe die Situation zu retten vermag. Hundertprozentige Hingabe ist eine Form von Vergebung. Überall dort, wo wir uns getrennt und eine eigene Identität aufgebaut haben, haben wir uns in Wirklichkeit selbst betrogen. Das hat uns gierig gemacht und dazu gebracht, nach Götzen zu suchen, die wettmachen sollen, was wir verloren haben, damit wir glücklich sein können. Um glücklich zu sein, sind wir aufgerufen, alles zu geben. Das wird durch Trennung verhindert. Unsere Suche nach Götzen hat uns zerschlagene Träume und Enttäuschung eingebracht, weil wir versucht haben, etwas außerhalb von uns zu bekommen. Wir haben versucht zu nehmen. Die Folgen sind Herzensbruch und Schmerz. Wenn wir jedem und allem rückhaltlos alles geben, gelangen wir dagegen an die vorderste Front der Kreativität und der Vision. Dort erfüllen wir ganz automatisch unsere Lebensaufgabe und genießen die Bedeutung eines zielgerichteten Lebens.

Wir haben andere Menschen zu dem gemacht, was sie für uns sind. Wenn sie nicht vollkommen wunderbar, staunenswert und unschuldig sind, haben wir ihnen nicht hundert Prozent dessen gegeben, was wir geben könnten. Sobald wir hundert Prozent geben, stellen wir fest, dass wir tatsächlich noch mehr geben können, sodass unser Leben und unsere Vision weiter wachsen. Wenn wir alles geben, betrachten wir alle anderen Menschen als gut. Wenn wir es nicht tun, besteht die einzige Alternative darin, über sie zu urteilen.

Wir glauben, dass unser Leben nicht das Leben ist, das wir leben wollten, aber unser Unterbewusstsein zeigt, dass es exakt so ist, wie wir es haben wollten. Wir glauben, dass unsere Familie nicht die Familie ist, in der wir leben wollten. Wir glauben, dass unser Partner nicht der Mensch ist, mit dem wir in einer Beziehung sein wollten. Wir geben ihm die Schuld an dem, was in der Beziehung fehlt. Dabei sind wir derjenige, der sich versteckt. Wir sind, wie es beim Militär heißt, im Einsatz verschollen. Es gibt jedoch einen besseren Weg. Wenn wir allen Menschen und Themen in unserem Leben hundert Prozent geben, entwickelt sich jede Situation sehr rasch in die richtige Richtung. Alles zu geben heißt, dass wir an unseren Urteilen über andere Menschen vorbeischlüpfen, die nichts anderes als unsere Projektionen sind. Dann erst offenbaren sich uns andere Menschen.

12

Verurteilung

Nur meine Verurteilung verletzt mich. Nur meine eigene Vergebung macht mich frei. Vergiss heute nicht, dass es keine Form von Leiden geben kann, die nicht einen unversöhnlichen Gedanken verstecken würde. Noch kann es eine Form von Schmerz geben, die die Vergebung nicht heilen kann.

Ein Kurs in Wundern, Ü-I.198.9:3-6

Verurteilung ist eine der großen Fallen des Egos. Der Angriff, der Teil unserer Verurteilung ist, kehrt zu uns zurück. Der Schmerz, die Unfälle und die Herzensbrüche, die wir erlitten haben, rühren allesamt von unserer Verurteilung her. Verurteilung ist ein sehr starkes Urteil und birgt Angriffsgedanken, die verletzen sollen. Wir werden durch unsere eigenen Gedanken verletzt, denn alles, was wir einem anderen Menschen wünschen, wünschen wir auch uns selbst. Wenn wir glauben, dass etwas einen anderen Menschen verletzen kann, öffnen wir uns dafür, selbst verletzt zu werden. Alle Verletzungen und Misserfolge verbergen diese Form der Verurteilung. Manchmal glauben wir, es sei natürlich und vollkommen normal, dass wir verurteilen. Wenn die Dinge schlecht stehen, verurteilen wir sie. Manchmal vergraben wir unsere Verurteilung, sodass die Verletzungen, die daraus entstehen, uns wie aus heiterem Himmel treffen. Unter unserer Verurteilung liegt die Schuld verborgen, für die wir uns selbst nicht vergeben haben. Verurteilung erntet viel rascher Vergeltung als die Schuld, die wir in uns tragen, weil Verurteilung innerhalb von sehr kurzer Zeit neues Karma erzeugt. Wir verurteilen andere

Menschen dort, wo wir uns selbst verurteilt haben, verurteilen uns selbst aber in viel höherem Maße.

Wir verurteilen andere Menschen für das, was sie getan haben, weil sie sich nicht an das Drehbuch gehalten haben, das wir ihnen zugewiesen hatten. Wir leiden aufgrund eines zerschlagenen Traums, der von einem Götzen herrührt – von etwas, das wir außerhalb von uns bekommen wollten und das uns nicht den gewünschten Erfolg gebracht hat. Unter diesen Dingen liegt jedoch ein tieferes Drehbuch verborgen, das genau dem entspricht, was tatsächlich geschehen ist. Diese beiden gegensätzlichen Drehbücher haben eine Kreuzigung zur Folge, bei der wir am Kreuz hängen und zwischen ihnen zerrissen werden. Dann verurteilen wir, um den Schmerz zu maskieren und zu verbergen, was in uns vorgeht.

Eine meiner liebsten Übungen der Vergebung hat mich *Ein Kurs in Wundern* gelehrt: „Ich will mich dafür nicht verurteilen." Sie bewirkt, dass alle an einer Situation beteiligten Menschen geheilt werden und die Situation selbst sich entwickeln kann. Unsere Verurteilung zeigt eine Welt, die von Elend erfüllt ist. Unsere Vergebung befreit uns. Verurteilung ist der Fluch unseres Daseins. Vergebung heilt und löst Illusionen auf. Sie segnet und eint die Welt. Was wir benutzen, um uns zu trennen, entwickelt eine zerstörerische und selbstzerstörerische Wirkung. Was wir benutzen, um uns mit anderen Menschen zu verbinden, hilft und heilt uns.

13

Eigenverantwortung ist Reife

Es bedarf beträchtlichen Lernens, um zu verstehen, dass alle Dinge, Geschehnisse, Begegnungen und Umstände hilfreich sind.

Ein Kurs in Wundern, H-4.I.A.4:5

Der Sinn und Zweck des Lebens besteht darin, dass wir lieben und glücklich sind. Das können wir erreichen, indem wir alle Herausforderungen im Leben als Werkzeug nutzen, um Heilung zu erlangen, ein höheres Maß an Ganzheit zu erreichen und unsere Gaben anzunehmen. Alles, was in uns hochkommt, dient unserem Lernprozess und unserer Weiterentwicklung und soll uns dazu bringen, anderen Menschen zu helfen. Dieses Wissen erlaubt uns, das, was in uns hochkommt, willkommen zu heißen, statt uns ihm zu widersetzen.

Die Welt zeigt uns, wofür wir uns selbst nicht vergeben haben. Wir hassen das Gefühl von Schuld. Wir verleugnen es und projizieren es nach außen. Die Probleme, mit denen wir es zu tun haben, sind Teil des Lehrplans, den der HIMMEL für unsere Heilung und für die Weiterentwicklung unserer Seele aufgestellt hat, damit wir unsere Unschuld und somit unsere Ganzheit wiederfinden. Wir können den Lehrplan und die grundlegend wichtigen Lektionen ablehnen, die aufeinander aufbauen, um uns ein glückliches Leben zu ermöglichen, aber wir tun es auf eigene Gefahr. Wir sind gekommen, um der Welt zu vergeben, weil Vergebung uns von der verborgenen Schuld befreit, die wir auf die Welt projizieren wollten. Jeder Mensch, dem wir etwas zur Last legen, ist ein grundlegender Teil des Lehrplans unserer Seele, den wir bisher abgelehnt haben. Unser

Schmerz zeigt unsere verborgene Angst und Ablehnung ebenso wie die Schuld, die wir auf andere Menschen übertragen wollen.

Vergebung stellt unsere Unschuld und unsere Ganzheit wieder her. Sie hilft uns, die Lektion zu lernen, die für unsere Weiterentwicklung unerlässlich ist. Wenn wir uns jeden Tag dafür entscheiden würden, einem Menschen zu vergeben, dem wir eine Schuld zugewiesen haben, würden wir uns vom Ego und von einem Teil unserer Projektion lösen. Infolgedessen wären wir weniger Dingen in der Welt verhaftet, was wiederum zu weniger Schmerz und weniger Enttäuschung führen würde. Wir würden unseren Willen befreien und im gleichen Maße unsere wahre Identität als reiner Geist erkennen. Wir wären viel glücklicher und viel offener, um zu empfangen. Es ist an der Zeit, dass wir aufhören, anderen Menschen die Schuld an unseren Missetaten zur Last zu legen. Das Maß, in dem wir eigenverantwortlich handeln, entspricht dem Maß unserer Verantwortung, und dieses Maß an Antwortfähigkeit zeigt das Maß unserer Reife. Menschen, die ein höheres Maß an Reife erlangt haben, hören ganz von selbst auf, andere Menschen zu beschuldigen, und lassen Zorn, Ungeduld und Groll los. Wenn uns dies gelingt, wertschätzen wir Partnerschaft in höherem Maße und werden als Partner in höherem Maße wertgeschätzt. Schuldzuweisungen, Urteile und Groll verurteilen andere Menschen dagegen auf eine falsche Weise. Wir benutzen diese Fallen, um so zu tun, als ob wir uns von unserer Schuld befreien wollten, während wir sie zum Zeichen unserer Treue gegenüber dem Ego gleichzeitig weiterhin in uns tragen. Sie dient dem Ego als Baumaterial für unsere Selbstkonzepte. Sie wird zu einem Teil der Mauer, die wir benutzen, um andere Menschen aus- und uns einzusperren, als könne die Trennung uns retten, statt uns auf direktem Weg in die Hölle zu führen. Eigenverantwortung ist der Weg, der uns aus der Hölle der Schuld befreit. Wenn wir Verantwortung übernehmen, gewinnen wir unsere Macht zurück und geben die Selbsttäuschung auf, die mit dem Ego entstanden ist. Wir müssen unsere Schuldgefühle loslassen, damit wir uns nicht überrollt fühlen und am liebsten sterben oder uns umbringen würden. Wenn wir unsere Schuld loslassen, öffnet sich die Tür, die es uns erlaubt, uns mit anderen Menschen zu verbinden und damit auch zu geben und zu empfangen. Beides sind Formen von Liebe.

Andere Menschen so zu sehen, wie wir uns selbst sehen, heißt, einen heilenden Standpunkt einzunehmen. Unsere Schuld bewirkt, dass wir uns von anderen Menschen fernhalten wollen und sie für Fehler verurteilen, die wir gemacht zu haben glauben. Die Alternative zur Schuldzuweisung besteht darin, die Großzügigkeit und die heilenden Gaben in eine Situation hineinzutragen, die sowohl andere Menschen als auch uns befreien. Unsere Großzügigkeit ist umfassend. Sie macht uns kreativ, lässt uns präsent sein und befähigt uns, den Weg zu finden und zu weisen. Eigenverantwortliches Handeln bedeutet, dass wir uns weder in die unzähligen Ablenkungen noch in Schmollen, Angriff oder den Selbsthass verstricken, der sowohl unwahr als auch eine Vergeudung von Energie ist und der uns in Unfreiheit an die Welt fesselt.

Eigenverantwortung lässt uns erkennen, dass wir mit unserem heimlichen Einvernehmen zum Opfer gemacht wurden. In den Situationen, in denen dies geschehen ist, haben wir uns Verschwörungen des Opfers und der Unabhängigkeit zu eigen gemacht, die unsere Glaubenssätze darüber verstärkt haben, dass wir ein Versager sind. Dies hat Muster des Untergangs in unserem Leben in Gang gesetzt, die allesamt unserer Angst vor Veränderung dienen. Darunter liegen jedoch *Geschichten der Kreativität* verborgen, die uns, wenn wir sie annehmen, aus der Verstrickung psychologischer Fallen befreien und uns ermöglichen würden, frei zu leben. Wir könnten die Wahrheit haben, die uns befreien würde. Wir könnten Frieden haben. Eigenverantwortung ist weit einfacher zu leben, wenn wir erkennen, dass der HIMMEL *unser Partner auf dem Weg der Heilung* ist. Alle Heilung rührt von GOTT her, weil ER die QUELLE der GANZHEIT ist. Das bedeutet, dass Heilung mühelos erreicht werden kann, weil wir uns mit der Befreiung aus diesen Fallen auch von der Identifikation mit dem Körper befreien. Dann gelangen wir zur Identifikation mit dem reinen Geist, die unsere Freude in sich birgt.

14

Wahrnehmung II

Die Wahrnehmung ist konsequent. Was du siehst, spiegelt dein Denken wider. Und dein Denken spiegelt nur deine Wahl dessen, was du sehen willst. Dafür sind deine Werte ausschlaggebend, denn was du wertschätzt, musst du sehen wollen, indem du glaubst, das, was du siehst, sei wirklich da. Niemand kann eine Welt erblicken, der sein Geist nicht einen Wert beigemessen hätte. Und niemand kann umhin, das zu erblicken, wovon er glaubt, er wolle es.

Ein Kurs in Wundern, Ü-I.130.1:1-6

Unsere Wahrnehmung geht weit über das hinaus, was wir auf der bewussten Ebene offenkundig wollen. Wir wertschätzen auch unterbewusste und unbewusste Glaubenssätze. Wir halten sogar dann an ihnen fest, wenn es sich um dunkle oder von Selbsthass erfüllte Glaubenssätze handelt. Wir glauben, dass sie uns in irgendeiner Form dienen. Das Ego hat uns davon überzeugt, dass dissoziierte Unabhängigkeit gleichbedeutend mit Freiheit ist. Es ist der Auslöser unserer Emotionen. Es bedient sich ihrer, um unseren Schmerz für seine eigenen Zwecke auszunutzen, die darin bestehen, seine Macht auszubauen und sich in seiner falschen Freiheit am Leben zu erhalten. Unsere Emotionen stehen unseren positiven Gefühlen wie Frieden, Liebe und Freude im Weg.

Unsere Wahrnehmung spiegelt uns sogar dann, was wir denken, wenn wir uns über das aufregen, was wir wahrnehmen. Was wir sehen, ist das, was wir sehen wollen. Es erfüllt einen bestimmten Zweck für uns. Wenn es dunkel, schmerzhaft oder traurig ist, dient es unserem Ego, das uns davon überzeugt hat, dass es selbst und wir eins sind. Wir verbergen diese Entscheidungen im Unterbewusstsein, benutzen unsere Wahrnehmung unabhängig von dem, was wir wahrnehmen, aber stets, um zu beweisen, dass wir Recht haben und dass unsere Glaubenssätze richtig sind. Selbst dunkle Glaubenssätze, die von einem hohen Maß an Selbstangriff zeugen, wertschätzen wir, weil sie einen bestimmten Zweck erfüllen. Um sie zu verbergen, kompensieren wir sie durch positives Verhalten. Diese positiven Verhaltensweisen sind Rollen. Eine Rolle bringt uns keine Belohnung ein, weil sie ein Abwehrmechanismus ist. Einzig das Ego hat das Bedürfnis, etwas zu beweisen oder zu verbergen. Anschließend projiziert es unsere Glaubenssätze durch einen Taschenspielertrick nach außen auf andere Menschen und die Welt und benutzt unsere Erfahrung und das, was wir sehen, als Beweis dafür, dass es Recht hat. Unsere Kompensation verleugnet, dass wir das, was außerhalb von uns ist, wertschätzen. Trotzdem benutzen wir sie, um unsere Gutheit, Richtigkeit und Überlegenheit zu beweisen.

Wir wertschätzen das, was wir sehen, und wir sehen es mit dem Wert, den wir ihm bereits gegeben haben. Wahrnehmung funktioniert im Grunde nicht anders als unsere Schlafträume. Wir träumen das, was wir uns wünschen. Das mag absurd erscheinen, wenn wir von Monstern gejagt werden oder wenn Verbrecher auf uns schießen. Trotzdem birgt alles, was in unseren Träumen vorkommt, unsere Wünsche – auch unsere selbstzerstörerischen Wünsche – in sich. Auf einer bestimmten Ebene stellen unsere Träume einen „psychischen Verdauungsprozess" dar, bei dem wir versuchen, alle unsere Selbstkonzepte zu integrieren oder sie zumindest in Einklang zu bringen, um Stress abzubauen. Das gilt übrigens ebenso für unseren Wachtraum. Wir versuchen, alle unsere Glaubenssätze über uns selbst zu einem Ganzen zu vereinigen. Träume haben eine therapeutische Aufgabe. Sie sollen unsere Konflikte und unsere Unterschiede auf dem Weg zur Freiheit und zum Einssein allmählich auflösen, auch wenn das Ego uns ständig aufhalten oder ablenken will. Unser Wachleben birgt alle unsere grundlegenden Selbstkonzepte. Jeder Akt der Liebe, der Verbindung oder der Verbundenheit bewirkt Heilung und bringt uns der Ganzheit einen Schritt näher. Wir gelangen zu einem höheren Maß an Frieden, Selbstvertrauen und Integration, das die Unterschiede überbrückt und widerstreitende Selbstkonzepte in ein Ganzes verwandelt, das die Vorteile beider Seiten in sich vereint.

Deshalb sind Beziehungen so wichtig, wenn es darum geht, Heilung zu erlangen und glücklich zu sein. Sie zeigen uns unsere tief verwurzelten Glaubenssätze über uns selbst in den Erfahrungen, die wir mit unserem Partner und mit den Menschen in unserer Umgebung machen. Je mehr wir uns mit anderen Menschen verbinden, umso besser wird unser Leben, und das erlaubt uns, immer größere Herausforderungen anzunehmen. Dies bringt nicht nur ein höheres Maß an Liebe, Spannung und Erfolg in unser Leben hinein, sondern bewirkt auch eine Bewegung hin zur Einheit sowohl in unserem eigenen Geist als auch in der Welt. Das Leben wird besser. Wir entwickeln mehr Stärke und größeres Mitgefühl. Je weiter wir in unserer Entwicklung voranschreiten, umso mehr erkennen wir, dass wir nur uns selbst sehen. Wir sehen immer nur das, was wir von uns selbst glauben.

> Was möchtest du sehen? Die Wahl ist dir gegeben. Lerne jedoch dieses Gesetz des Sehens und lass nicht zu, dass dein Geist es vergesse: Du wirst auf das schauen, was du in deinem Innern fühlst. Wenn Hass einen Platz in deinem Herzen findet, dann wirst du eine Furcht erregende Welt wahrnehmen, die der Tod grausam in seinen spitzen Knochenfingern hält. Wenn du die LIEBE GOTTES in dir fühlst, wirst du hinaus auf eine Welt der Barmherzigkeit und der Liebe schauen.
>
> *Ein Kurs in Wundern*, Ü-I.189.5:1-5

Das gibt uns die Verantwortung für alles, was wir sehen. Wir wertschätzen das, was wir über uns selbst glauben, sogar dann, wenn es negativ ist, und sogar dann, wenn wir dagegen kämpfen, weil *wir* es geschaffen haben. Wir nehmen das wahr, was wir wahrnehmen wollen. Es entspricht uns. Wir benutzen es, und es erfüllt einen bestimmten Zweck für uns. Es erlaubt uns, Dinge zu tun, die wir aufgrund unserer Wahrnehmung, unserer Erfahrung und unserer Vergangenheit nun für gerechtfertigt halten. Es liefert uns die Ausrede, die wir brauchen, um etwas nicht zu tun, das wir nicht tun wollen. Wir beweisen etwas, das wir unbedingt beweisen wollten, und ganz nebenbei beweisen wir auch, dass wir Recht hatten. Was wir sehen, liefert uns eine Ausrede dafür, uns zu verstecken. Es hält uns in dieser Alltagswelt gefangen und verstärkt den Glauben, dass wir ein Körper sind. Dies liefert uns eine Ausrede dafür, schwach und begrenzt zu sein. Wir fürchten unsere eigene Stärke und unsere Freiheit. Das ist der Plan, den das Ego für uns bereithält. Der Weg der Weiterentwicklung ist dagegen der Weg zu GOTT und zur LIEBE, und es ist der Weg zur Freiheit. Wir haben

Angst vor GOTT bekommen, aber unsere Angst vor GOTT verbirgt unseren Angriff auf IHN, der mit dem Fall aus dem Zustand des EINSSEINS begonnen hat. Wenn wir uns von einem anderen Menschen trennen, greifen wir ihn an. Weil dieser Akt der Trennung dazu führt, dass wir leiden, glauben wir jedoch, dass derjenige, von dem wir uns getrennt haben, uns angreift. Deshalb sehen wir in GOTT unseren großen Feind. Alle unsere Ängste rühren von Angriff und Selbstangriff her.

Wir fürchten uns vor unserer Größe. Wir haben andere Menschen angegriffen in dem Irrglauben, dadurch ihren Angriff auf uns verhindern zu können. Das ist der große Trugschluss des Egos. Wir können unsere Stärke und unsere Freiheit nur annehmen, wenn wir andere Menschen durch Vergebung annehmen.

> Eitle Wünsche und Groll sind Partner oder Miterzeuger beim Entwerfen der Welt, die du siehst. Die Wünsche des Ego haben sie hervorgebracht, und das Bedürfnis des Ego nach Groll, der zu ihrer Aufrechterhaltung nötig ist, bevölkert sie mit Figuren, die dich anzugreifen scheinen und nach »gerechtem« Urteil rufen. Diese Figuren werden zu den Mittelsmännern, die das Ego benutzt, um Handel mit dem Groll zu treiben. Sie stehen zwischen deinem Gewahrsein und deines Bruders Wirklichkeit. Weil du sie siehst, erkennst du weder deine Brüder noch dein SELBST.
>
> *Ein Kurs in Wundern,* Ü-I.73.2:1-5

Wenn wir nicht durch die Augen der Liebe schauen, sehen wir in unseren Brüdern das, was wir aufgrund unserer eigenen Schuld an ihnen verurteilt haben. Groll erhält die Welt der Trennung intakt. Groll und Urteile sind die Werkzeuge, die das Ego benutzt, um uns alle in der Trennung festzuhalten, und das hat zur Folge, dass wir diesen Zustand für die Wirklichkeit halten. Das Ego benutzt die Welt des Angriffs als Rechtfertigung für seine Existenz. Es hindert uns an der Erkenntnis dessen, was uns allen gemeinsam ist. Das stellt seine Unversehrtheit sicher, weil es durch Unfrieden gedeiht. Vergebung und Heilung lösen die Welt der Angst, des Hasses und des Angriffs auf und ersetzen sie durch Freundschaft.

> Die Wahrnehmung folgt dem Urteil. Wenn wir geurteilt haben, sehen wir daher das, worauf wir schauen möchten. Denn die Sicht kann lediglich dazu dienen, uns das anzubieten, was wir haben möchten. Es ist

unmöglich, dass wir übersehen, was wir sehen möchten, und das nicht sehen, was wir zu erblicken wählten.

Ein Kurs in Wundern, Ü-II.312.1:1-4

Was wir sehen, ist das, was wir sehen wollen, und was wir sehen wollen, bewirkt, wie wir eine Situation wahrnehmen. Wir sehen Angriff, um unseren eigenen Angriff zu rechtfertigen und um eine Ausrede und eine Rechtfertigung dafür zu haben, dass wir unserem Ego erlauben, so zu sein, wie es ist, und das zu tun, was es will.

Dieses Prinzip spielt in meinem persönlichen Leben eine wichtige Rolle. Es ist nicht leicht, immer zu entdecken, was sich hinter dem Film meines Bewusstseins verbirgt, den ich auf der Leinwand der Welt sehe. Es ist nicht leicht, dieses Prinzip immer anzuwenden. Trotzdem hat es dank seines machtvollen und pragmatischen Ansatzes sowohl mir als auch anderen Menschen erlaubt, durch grundlegende Themen der Welt hindurchzugehen, denn wenn wir die Verantwortung für unsere Erfahrung übernehmen, können wir sie ändern. Wir sind nicht das Opfer unserer Wahrnehmung. Wir können die Situation verändern, weil wir unser Denken in Bezug auf das ändern können, was wir wollen. Das gilt besonders dann, wenn unsere dunklen Dynamiken zutage gefördert werden. Das bewusste Denken besitzt die Macht, mithilfe von Wahrheit und Einsicht die Fehler des Egos aufzuzeigen und sich dafür zu entscheiden, sie zu berichten.

Nur jemand, der wahnsinnig ist, würde sich für den Schmerz entscheiden. Unser Schmerz ist ganz einfach das Zeichen dafür, dass wir einen Fehler gemacht haben. Wir benutzen die Negativität, um etwas zu erkaufen, von dem wir glauben, dass es uns ganz bestimmt glücklich machen wird. Wenn wir das, was wir zu gewinnen versuchen, ans Tageslicht befördern, können wir uns für das entscheiden, was wir wirklich wollen. Bei unserem Entwicklungsweg im Leben geht es darum, dass wir lernen, die richtigen Entscheidungen zu treffen, uns die schlechten Entscheidungen, die wir getroffen und anschließend vor uns selbst versteckt haben, bewusst zu machen und zu berichten und einen neuen und besseren Weg zu finden, der uns und andere Menschen glücklich macht.

Unsere Welt ist unsere Verantwortung, weil sie unser Denken zeigt. Die Wirklichkeit, die wir erfahren, und die Welt, in der wir leben, zeigen uns, was in unserem Bewusstsein vor sich geht. Wir sind dazu aufgerufen, diese Welt zu verändern, indem wir unser Denken ändern. Wir sind Herr über unser Denken und können es lenken und kultivieren. Es ist unsere Entscheidung, auf welche innere Stimme wir hören wollen. Ist es die Stimme des Egos oder die Stimme des höheren Bewusstseins? Unser höheres Bewusstsein zeigt uns unseren wahren Willen, der mit dem WILLEN des HIMMELS in Übereinstimmung ist. Unser Ego will ihn durch seinen eigenen Willen, törichte Begierden und eitle Gedanken verdrängen.

Das Ego ist launenhaft. Es geht ihm nicht um unser Wohl, sondern nur um sein eigenes Wohlergehen. Wir erkennen nicht, in welcher Tretmühle wir uns befinden, bis uns bewusst wird, was das Ego ist und dass es alles benutzen will, um Bedürfnisse zu nähren, die uns ohnehin niemals vollkommen erfüllen können. Das Ego will Schmerz, um seine Macht auszubauen. Es will Verlust, um sich zu trennen. Es will Konflikt und Krieg, um zu beweisen, wie sehr wir es brauchen. Das Ego sorgt sich nicht um uns, sondern nur um sich selbst. Es plant unseren Tod, erkennt in seinem Wahnsinn aber nicht, dass unser Tod auch seinen Tod bedeutet. Es redet uns ein, dass wir ein Körper sind, und erklärt uns anschließend, dass wir nicht gut genug für es sind.

Weil das Ego nicht unser Freund ist, sollten wir uns seiner Machenschaften bewusst sein, damit wir andere, bessere Entscheidungen treffen können. Wenn wir gegen das Ego kämpfen, erreichen wir nur, dass es stärker wird, weil es eine Illusion ist. Um es aufzulösen, können wir ihm – wie allen Illusionen – vergeben. Manchmal kann es ein Leben lang dauern, bis wir gelernt haben, den Unterschied zwischen der Stimme des Egos und der Stimme des höheren Bewusstseins zu erkennen.

Das höhere Bewusstsein will nicht, dass jemand verliert. Es handelt nicht mit Angriff und Selbstangriff. Es will mit Manipulation nichts zu tun haben und benutzt Emotionen nur, um uns aufzuzeigen, was der Heilung bedarf. Wenn wir auf unser höheres Bewusstsein hören, weist es uns einen Weg, der alle an einer Situation beteiligten Menschen gewinnen lässt. Es ist der Bringer des HEILIGEN GEISTES und segnet uns deshalb mit Gnade und Wundern. Wenn wir Projektion als Ursache sehen können, erlangen wir die Macht zurück, eine Situation zu verändern. Das Ego versucht, unser Denken und Fühlen zur Auswirkung anstelle der Ursache zu machen. Die Ursache ist jedoch unser Denken, und wir können unser Denken ändern. „Mein Geist erschafft die Welt", sagt Buddha. Deshalb besitzen wir die Macht, unser Leben und die Welt, die uns umgibt, zu transformieren und zu heilen.

Eigenverantwortung ist die Entscheidung für den Weg wahrer Macht. Wahre Macht ermächtigt. Unwahre Macht beherrscht aus Angst und Schwäche. Unwahre Macht ist die Definition des Egos von Macht, weil es entweder jemanden vor uns sehen will, der uns beherrscht, oder weil es jemanden hinter uns sehen will, um ihn kontrollieren zu können. Es will niemals jemanden als ebenbürtig neben uns sehen, weil die daraus entstehende Nähe dafür sorgen würde, dass es sich auflöst. Eigenverantwortung will das Unterbewusstsein und das Seelenbewusstsein auf die Ebene unseres bewussten Denkens heben, damit alle unsere Fehler im Licht der Vernunft berichtigt werden. Unser höheres Bewusstsein steht in Einklang mit Eigenverantwortung, während unser Ego insgeheim an Verleugnung und Leiden beteiligt ist, um sich zu trennen. Anschließend schmollt und beschuldigt es, greift an und nimmt Rache, weil es sich als Opfer sieht. Dann beklagt es sich bis an sein Lebensende über das, was geschehen ist. Nachdem wir zum Opfer gemacht wurden, ziehen wir uns entweder zurück oder werden selbst zum dissoziierten Täter. Weil wir unseren eigenen Schmerz dissoziieren, werden wir blind für die Bedürfnisse und die Befindlichkeiten der Menschen in unserer Umgebung und machen sie für gewöhnlich ebenso zum Opfer, wie wir selbst zum Opfer gemacht wurden. Wenn wir lernen, was Eigenverantwortung ist, gehen wir den ersten Schritt, der uns zum Verständnis führt und dazu anspornt, uns aus der Situation zu befreien, in der wir zum Opfer gemacht wurden.

Bewusstheit hilft uns, die Verleugnung falscher, dissoziierter Unabhängigkeit loszulassen. Sie hilft uns, nicht nur die Angst zu überwinden, die uns von der Partnerschaft fernhält, sondern auch die Angst, die uns von GOTT getrennt hält. Alle Macht rührt von GOTT her, und je eigenverantwortlicher wir handeln, umso größer wird unsere Macht. Aber auch, wenn wir wissen, was Eigenverantwortung bedeutet, und sie praktizieren, tritt irgendwann die nächste Schicht des Egos und seiner Probleme zutage und wird versuchen, uns erneut in die Knie zu zwingen und anderen Menschen die Schuld an unseren Schwierigkeiten zu geben. Das höhere Bewusstsein sieht darin eine Chance, nicht nur etwas über die nächste in unserem Bewusstsein verschüttete Schicht zu lernen, sondern sie auch zu *heilen*. So befreien wir uns von noch mehr Schmerz, Fehlwahrnehmung und Trennung.

15

Der Traum

> Wenn die Vergangenheit in meinem Geiste nicht vorbei ist, dann muss die wirkliche Welt sich meiner Sicht entziehen. Denn ich schaue in Wirklichkeit nirgendwohin, sehe nur das, was nicht da ist. Wie kann ich dann die Welt wahrnehmen, die die Vergebung schenkt? Um diese zu verbergen, wurde die Vergangenheit gemacht, denn dies ist die Welt, auf die nur jetzt geschaut werden kann. Sie hat keine Vergangenheit. Was könnte denn vergeben werden als die Vergangenheit, und wenn sie vergeben ist, ist sie vergangen.
>
> *Ein Kurs in Wundern*, Ü-II.289.1:1-6

Jeder, der wie Buddha erleuchtet ist, hat erkannt, was Buddha erkannt hat: „Die Welt ist ein Traum, und ich bin der Träumer." *Ein Kurs in Wundern* drückt es so aus: „Indessen heißt es in der Bibel, dass ein tiefer Schlaf auf Adam fiel, und nirgends findet sich ein Hinweis auf sein Erwachen." (T-2.I.3:6) Es heißt in der Bibel auch, dass, als Adam in diesen tiefen Schlaf fiel, GOTT anschließend angeblich Eva aus Adam erschaffen hat. Das war die ursprüngliche Polarität, aus der Dualität, Verschiedenheit und alle damit verbundenen Probleme hervorgegangen sind. Wie hätte GOTT, DER das Prinzip des EINSSEINS ist, Trennung und Dualität erschaffen können? Trennung ist die Ursache aller Probleme. Wie hätte GOTT, DER die LIEBE SELBST ist, das hervorbringen können, was alles Leiden erzeugt hat? Wie hätte GOTT, DER die WAHRHEIT SELBST ist, Illusion und Unwahrheit hervorbringen können? Das ergibt einfach keinen Sinn! In *Ein Kurs in Wundern* heißt es, dass wir es bei allen Schöpfungsmythen, auch beim

Schöpfungsmythos der Bibel, in Wirklichkeit mit den Anfängen des Egos zu tun haben. Wenn wir auf die Bibel zurückblicken, bedeutet das also, dass das Ego die Dualität erschaffen hat, weil es das Prinzip der Trennung ist und im Schmerz der Trennung gedeiht.

Die Welt erscheint uns sehr lebendig, und das Leben erscheint uns ausgesprochen wirklich. Das gilt aber ebenso für unsere nächtlichen Träume. Sie sind ausgesprochen lebendig und beziehen uns in das ein, was im Traum geschieht. Wir halten sie für wirklich. Das Entsetzen, das ein Alptraum in uns auslöst, ist ebenso stark wie das Entsetzen, das wir in einer Situation im Wachzustand erfahren. Alle Träume – auch der „Wachtraum" unseres täglichen Lebens – sind der Versuch, unterschiedliche Glaubenssysteme und Selbstkonzepte mit anderen und gegensätzlichen Glaubenssystemen in Einklang zu bringen. Dazu gehören auch Schattenfiguren, die für das stehen, was wir an uns selbst und anderen Menschen hassen. Unser Alltag ist der Versuch, alle Glaubenssätze – die unseren Selbstkonzepten entsprechen – zu einem Film zusammenzufügen, der es uns ermöglicht, bis ans Ende unserer Tage glücklich zu leben.

Deshalb hat Buddha sich als „der Erwachte" bezeichnet, nachdem er aus dem Traum aufgewacht war. Einigen Menschen ist es gelungen, aus dem Film ihres Bewusstseins auszubrechen, weil sie erkannt haben, dass sie Vorführer, Star, Regisseur, Aufnahmeleiter und Produzent des Films sind. Sie haben erkannt, dass es *ihr* Film ist, der sich in *ihrem* Bewusstsein abspielt. Wir sind für das verantwortlich, was wir sehen. Deshalb heißt es in *Ein Kurs in Wundern*, dass vollkommene Eigenverantwortung gleichbedeutend damit ist, dass wir zur Erleuchtung gelangen. Natürlich gehen wir alle diesen Weg, aber jeder von uns findet sich an einer anderen Stelle wieder. Wir handeln vollkommen eigenverantwortlich, bis das nächste Problem des Weges kommt und dafür sorgt, dass wir wieder ganz von vorne beginnen. Jedes Problem zeigt uns, wo wir noch nicht vollkommen eigenverantwortlich handeln und worin die nächste Lektion der Heilung im Lehrplan unserer Seele besteht. Dies ist unser Entwicklungsprozess auf dem Weg zurück zu der Erkenntnis, dass wir reiner Geist und ein Kind Gottes sind, das nicht nur alle guten Dinge, sondern den Himmel selbst verdient.

Alle Selbstkonzepte, die wir erschaffen haben, haben wir anschließend auf die Welt projiziert. Jeder Akt der Integration bringt neuen Frieden und neue Ganzheit mit sich. Wenn wir auf die Welt schauen, erkennen wir jedoch, dass noch sehr viel mehr geschehen muss. Wahrheit ist Integrität. Integrität ist ein Akt der Integration, bei dem die Negativität fortfällt und nur die besten Elemente beider Seiten in einer neuen Ganzheit übrig bleiben. Es entsteht ein höheres Maß an Frieden, Selbstvertrauen und Ganzheit. Alles, was heilt, bringt uns zusammen. Es zeigt, dass das Böse nur Unwissenheit ist und dass „böse Taten" ein Hilferuf sind.

Um vollkommen eigenverantwortlich zu leben, musst du dir vorstellen, dass es sich bei jedem Menschen, dem du je begegnet bist, und bei jeder Situation, in der du dich je befunden hast, in Wirklichkeit um dich selbst handelt. Andere Menschen und Situationen sind ein Spiegel deiner selbst. Es sind deine eigenen Glaubenssysteme, die zu dir zurückkehren. Das gehässige Verhalten eines anderen Menschen dir gegenüber zeigt dir das Handeln und die Glaubenssätze deiner eigenen Schattenfiguren, die zur Oberfläche emporsteigen, um geheilt zu werden. Wenn du jemals von Dunkelheit oder astralen Einflüssen geplagt wurdest, handelt es sich lediglich um dein uraltes Ego, das zurückgekehrt ist, um dich heimzusuchen und dir den Weg zu versperren. Es will sich selbst und diese Welt, die seine Spielwiese ist, am Leben erhalten. Es gibt keinen Grund, dich vor diesen Dingen zu fürchten. Es handelt sich dabei nur um dich selbst, um dein uraltes Ego, das für den Ort steht, an dem du dich vom Licht abgewandt hast. Es handelt sich nur um uralte Anteile deines Bewusstseins, die zu dir zurückkehren, um wichtige Seelenlektionen zu lernen und um uralte Anteile deiner selbst zu integrieren, die du verurteilt hattest. Die Orte, an denen du dich von diesen Selbstanteilen getrennt hast, sind von Angst und Schuld erfüllt, aber dazu ist der HIMMEL da. Er hilft dir, diese beängstigenden Orte zu verlassen, damit du endlich erkennst, dass es nichts zu fürchten gibt und dass du unschuldig bist. Wenn wir GOTT näherkommen, löst sich unsere Angst mehr und mehr auf, und wir nehmen immer häufiger SEINE Hilfe in Anspruch. Wenn wir zum EINSSEIN gelangen, haben wir den HIMMEL erreicht, und wir erkennen, dass es nur GOTT gibt. Es gibt nur die LIEBE. GOTT hat weder die Dunkelheit noch die astrale Welt mit ihren Dämonen, Teufeln und dunklen Göttern erschaffen, und das bedeutet, dass sie in Wirklichkeit nicht existieren. GOTT ist jenseits der Zeit. Unsere Welt ist das Reich der Zeit. Wir sitzen bis zu einem gewissen Grad alle unsere Zeit ab, bis wir diese Welt zugunsten der Ewigkeit überschreiten.

16

Die Welt, die du siehst

> Eitle Wünsche und Groll sind Partner oder Miterzeuger beim Entwerfen der Welt, die du siehst. Die Wünsche des Ego haben sie hervorgebracht, und das Bedürfnis des Ego nach Groll, der zu ihrer Aufrechterhaltung nötig ist, bevölkert sie mit Figuren, die dich anzugreifen scheinen und nach „gerechtem" Urteil rufen. Diese Figuren werden zu den Mittelsmännern, die das Ego benutzt, um Handel mit dem Groll zu treiben. Sie stehen zwischen deinem Gewahrsein und deines Bruders Wirklichkeit. Weil du sie siehst, erkennst du weder deine Brüder noch dein SELBST.
>
> *Ein Kurs in Wundern,* Ü-I.73.2:1-5

Eitle Wünsche sind Dinge wie: „Ich frage mich, was passieren würde, wenn ... oh, nein ... oh, verdammt!" Langeweile, Neugierde und mangelnde Ausrichtung sorgen dafür, dass unser Denken ständig solche törichten Fehler macht. Angst, Schuld und Phantasievorstellungen gehören allesamt in diese Kategorie.

Groll ist ein Angriff auf einen anderen Menschen wegen Dingen, die er uns unserer Meinung nach angetan hat oder nicht für uns getan hat, um unsere Bedürfnisse zu erfüllen. Groll ist eine Klage über das Leben, andere Menschen und GOTT. Klagen können jedoch mühelos aufgelöst werden, wenn wir erkennen, dass *wir die Gabe in uns tragen*, die jemand anderer uns unserer Meinung nach verwehrt hat. Wir geben das, worüber wir uns beklagen, weder dem betreffenden Menschen noch uns selbst. Die Erkenntnis, dass wir das, was wir unserer Klage zufolge nicht zu bekommen glaubten, selbst in uns tragen, würde sowohl den Glauben an Vernachlässigung beenden als auch die Erfahrung, vernachlässigt zu werden.

Groll bricht die Grundregel des Glücklichseins: Mein Glück kommt von mir. Alle Emotionen sind eine Form von emotionaler Erpressung. Wenn wir sie nicht benutzen, um Heilung zu erlangen, sind sie immer ein Versuch, etwas außerhalb von uns zu bekommen. Alle Emotionen sind alte Emotionen. Es sind alte Fehler, die wir entweder benutzen können, um Heilung zu erlangen oder um dem Ego zu dienen. Der Versuch, äußere Dinge zu nehmen oder zu bekommen, führt zu allen nur denkbaren Formen von Verletztheit, Schuld, Herzensbruch und Desillusionierung. Glück, das dauerhaft ist, ist das Glück, das von innen kommt.

GOTT lebt in unserem Herzen, nicht in den Wolken. Die Welt ist die Illusion, und was wir von der Illusion der Welt bekommen wollen, ist die Erfüllung unserer illusionären Bedürfnisse. Diese Bedürfnisse rühren von dem Schmerz und der Spaltung her, die durch Trennung entstehen. Es sind Anhaftungen und Götzen, die wir benutzen, um den Schmerz und die Leere auszugleichen, die Trennung verursacht. Das Ego versucht ständig, äußere Dinge zu bekommen, als ob sie uns mehr als nur einen kurzen Augenblick lang glücklich machen könnten. Wir sind enttäuscht, wenn wir nicht bekommen, was wir wollen, aber ebenso, wenn wir bekommen, was wir wollen. Wir grollen Menschen, die von uns nehmen, aber ebenso Menschen, die uns nicht erlauben, von ihnen zu nehmen. Wir benutzen unseren Groll, um die Schuld dafür zu verbergen, dass wir anderen Menschen etwas „stehlen" wollen oder ihr Unglück und das, was sie von uns bekommen wollen, als Ausrede benutzen, um uns von ihnen zu trennen, was die Schuld für alle an der Situation beteiligten Menschen vergrößert.

Wir decken unsere Schuld mit Urteilen und Groll zu. Unsere Urteile sind eine der Hauptursachen allen Leidens, und Groll ist eine der Hauptursachen aller Probleme. Urteile und Groll verstärken die Sicht des Egos auf die Welt als einen Ort, an dem Körper geboren werden, um zu leiden und zu sterben und in der Zwischenzeit dem bisschen Vergnügen nachzujagen, das ihnen vergönnt ist. Dies ist die Welt des Egos. Es verleugnet Liebe, Glück und Transformation, weil diese Dinge eine wohlwollende, glückliche Welt erschaffen. Das Ego forciert die Vorstellung, dass Menschen uns das schuldig sind, was wir brauchen, statt dass wir für uns und unsere Welt verantwortlich sind.

GOTT hat uns alles gegeben, aber wir haben uns im Laufe der Zeit zurückentwickelt und im Glitzer, im Elend und in der Zerstreuung dieser Welt der Trennung vergessen, wer wir wirklich sind. Wir haben unser SELBST vergessen. Wir haben GOTT ebenso vergessen wie die Gaben, die ER uns gegeben hat und die nach wie vor in uns warten. Wenn wir das begreifen, erkennen wir, dass alle Formen von Großzügigkeit uns ausdehnen, damit wir empfangen können, und auch unser Glück ausdehnen. Geben und das mit ihm einhergehende Empfangen erzeugen Fluss und machen alles mühelos und leicht. Wir brauchen die schweren Lasten, die großen Aufgaben und den Stress nicht länger zu tragen. Das ist die Aufgabe des HIMMELS. Auf einer bestimmten Ebene sind alle unsere Schwierigkeiten ein Ruf nach Aufmerksamkeit und der Versuch, uns selbst eine Bedeutung zu geben. Diese Fallen und das Stadium der toten Zone sollen unsere Gefühle der Unwürdigkeit kompensieren. Gleichzeitig verbergen wir uns in einer Komfortzone, die zunehmend weniger komfortabel wird.

> Wenn die Ursache der Welt, die du siehst, Angriffsgedanken sind, dann musst du lernen, dass es diese Gedanken sind, die du nicht willst. Es hat keinen Sinn, über die Welt zu jammern. Es hat keinen Sinn, zu versuchen, die Welt zu verändern. Sie ist nicht imstande, sich zu verändern, weil sie bloß eine Wirkung ist. Hingegen hat es in der Tat einen Sinn, deine Gedanken über die Welt zu ändern. Damit veränderst du die Ursache. Die Wirkung wird sich von selbst verändern.
> *Ein Kurs in Wundern*, Ü-I.23.2:1-7

> Wenn ich begreife, dass das, was ich sehe, das widerspiegelt, was ich zu sein vermeine, dann wird mir klar, dass die Schau mein größtes Bedürfnis ist. Die Welt, die ich sehe, bezeugt die Furcht erregende Natur des Selbstbildes, das ich mir gemacht habe.
> *Ein Kurs in Wundern*, Ü-I.56.2:2-3

Die Ursache der Welt rührt von unseren Angriffs- und Selbstangriffsgedanken her. Gemeinsam bilden Angriff und Selbstangriff einen Teufelskreis, der das Fundament des Egos ist. Das Ego lehrt uns, dass wir zuerst angreifen müssen, um unsere Sicherheit zu gewährleisten, aber das lässt uns lediglich von einem Konflikt in den nächsten geraten. Die Welt ist die Wirkung unseres Denkens, unseres Bewusstseins und unserer Selbstkonzepte. Wenn wir uns ändern, dann können wir das verändern, was in unserem Bewusstsein geschieht. Wenn die Welt uns scheinbar vollkommen grundlos angreift, dann halten wir an einer vergrabenen Schuld fest, die uns lieb und teuer ist. Illusionen über uns selber und die Welt sind eins.

Was wir sehen, spiegelt unser Bewusstsein wider. Es steht für unsere Selbstkonzepte, und es ist ein Spiegel der Identität, die wir für uns selbst geschaffen haben. Der Welt immer wieder jede Negativität zu vergeben heißt, sowohl die Welt als auch uns selbst von Dunkelheit, Begrenzungen und Illusionen zu befreien. Eine andere Heilmethode besteht darin, das Problem mithilfe unserer Intuition bis zu seiner Wurzel zurückzuverfolgen. Wenn wir ein Problem an seiner Wurzel heilen, klären wir das gesamte Muster. Dann sind wir bis zur Wurzel des Baums vorgedrungen, statt nur seine Frucht zu pflücken. Die Wurzel des Problems ist möglicherweise nicht nur im Unterbewusstsein verschüttet. Die verborgenen Muster können bis zur Empfängnis zurückreichen oder aus dem Unbewussten herrühren, das Seelen- und Ahnenthemen in sich birgt.

Die Wurzel des Problems kann auch aus dem kollektiven Bewusstsein der Menschheit oder aus dem Reich der Dämonen, Teufel und dunklen Götter kommen, bei denen es sich schlicht um unser uraltes, körperloses Ego handelt. Die Themen, mit denen wir konfrontiert sind, zeigen uns, was in unserem eigenen Bewusstsein verschüttet ist. Diese Dinge haben uns angegriffen, uns unsere Energie geraubt und auch sonst an uns und unserem Leben genagt. Wir können nicht nur anderen Menschen und Ereignissen, sondern auch uns selbst vergeben – uns selbst und dem Glaubenssystem, das diesen Vorfall und diese Situation herbeigeführt hat. Wir können andere Menschen und die Situation segnen. Wir können uns selbst und unser Glaubenssystem segnen.

Jedes Ereignis fördert für gewöhnlich viele unverarbeitete Themen aus der Vergangenheit zutage in dem Versuch, unsere Heilung jetzt abzuschließen. Jede Aufregung, die wir jetzt nicht heilen, nutzt das Ego, um seine Macht auszubauen. Wir haben die Wahl, entweder unser Ego zu demontieren, indem wir unaufhörlich den Spiegel unseres Geistes reinigen, den uns die Welt zeigt – oder aber eine Geisel unseres Egos zu sein. Jeder Mensch, den wir sehen, ist Teil unseres Glaubenssystems. Jede Situation spiegelt uns diese Glaubenssysteme zurück. Wenn wir das Ego demontieren, leuchtet das Licht hindurch. Wir treten immer mehr zurück, sodass der HIMMEL in stärkerem Maße präsent ist. Jeder Mensch, dem wir helfen, hilft uns. Jede Gabe, die wir unter jeder Herausforderung verschüttet entdecken, macht unser Leben und das Leben der Menschen in unserer Umgebung leichter. Jede Verpflichtung, unsere Lebensaufgabe zu erfüllen, hilft vielen tausend Menschen. Unsere Lernerfahrungen dehnen unseren Geist aus. Das gilt vor allem dann, wenn wir endlich die Seelenlektionen lernen, die wir in diesem Leben lernen wollten, um unsere Probleme zu lösen. Wenn wir die Lektion gelernt und Heilung erlangt haben, gehen wir ganz von selbst mit gutem Beispiel voran, um zu zeigen, dass es einen besseren Weg gibt.

Die Welt braucht begnadete Lehrer und wahre Helden der Heilung, die zeigen, dass Begrenzungen ein Irrglaube sind. Unsere Lebensaufgabe ist an unsere Wesensnatur geknüpft. Unsere wahre Natur hat mit dem Beitrag zu tun, den wir in diesem Leben in der Welt leisten wollten. Wir wissen, dass wir auf dem richtigen Weg sind, wenn wir glücklich und erfüllt sind. Wenn wir es nicht sind, sind wir aufgerufen, uns unserer Heilung zu widmen. Alle diese Dinge helfen der Welt und uns selbst. Alles, was wir sehen, ist das, was *wir* über uns selbst glauben. Diese Einsicht lässt uns erkennen, wie wichtig Vergebung und Heilung sind. Wir erkennen, dass wir durch unsere Heilung und die Verbindung mit anderen Menschen dazu beitragen, die Welt zu einen und zu einem besseren Ort zu machen. Unsere Freude ist der wichtigste Beitrag zur Heilung der Welt, und das bedeutet, dass wir aufgefordert sind, immer zuerst an unserer eigenen Heilung zu arbeiten. Es ist wie bei einer Notsituation im Flugzeug: Wenn wir zuerst unsere eigene Sauerstoffmaske aufsetzen, können wir anschließend anderen Menschen helfen, ihre Maske aufzusetzen. Je mehr unser Geist geeint wird, umso mehr wachsen Intelligenz und Kreativität. Wir gelangen in unserer Heilung auf immer tiefere Ebenen, verbinden uns mit unserer Vision und heißen unseren Schöpfergeist willkommen.

Zur Heilung des Bewusstseins der Menschheit beizutragen heißt, unseren Platz als Meister einzunehmen. Aus dem Traum der Welt zu erwachen heißt, zur Erleuchtung zu gelangen. Wir werden zum Buddha und erkennen, dass nichts existiert außer einer unbeschriebenen Tafel, einer Leere – bis wir uns etwas wünschen oder uns für etwas entscheiden. Die Leere und die astrale Ebene können überschritten werden. Wir können das CHRISTUS-BEWUSSTSEIN finden, das die Erkenntnis des EINSSEINS mit GOTT ist und uns zuerst den HIMMEL auf Erden und dann den HIMMEL selbst erschließt. Im Stadium der Vereinigung, dem CHRISTUS-BEWUSSTSEIN, stehen wir mit einem Fuß in dieser Welt und mit dem anderen Fuß im HIMMEL. Hier werden wir zu einem Erlöser der Welt und hinterlassen einen Weg, dem andere Menschen folgen können, um ihren Weg zu finden und ebenfalls zu einem Erlöser der Welt zu werden.

Trennung ist das Problem. Sie kann in dieser Welt der Illusion geheilt werden. Im HIMMEL, der jenseits der Zeit liegt, ist das Problem niemals geschehen. Wenn wir das erkennen, dann wissen wir, dass die Trennung bereits geheilt wurde und dass wir bereits jenseits der Zeit und auf dem Weg in die Zeitlosigkeit sind. In dieser Welt der Illusion erscheint uns der Traum der Trennung jedoch ausgesprochen wirklich zu sein. Hier kommt die Heilung ins Spiel. Über unsere gegenwärtige Wahrnehmung und unseren Hang zur Trennung hinauszugelangen, der uns bereits von vor Anbeginn der Sterne an begleitet, heißt, die Welt zu erlösen. Wir sind auf diese Welt gekommen, um zu lernen, was uns wahrhaftig zusammenbringt. Wir sind hier, um den Groll und die Angst loszulassen, die uns voneinander getrennt halten. Wir sind hier, um Vergebung zu lernen und die Welt mit den Augen der Wahrheit anstelle der Illusion zu sehen. Wir wollen mit den Augen CHRISTI schauen, die uns zeigen, dass Schuld eine Illusion ist. Wir können erkennen, dass das Böse nur Unwissenheit ist und dass alles, was nicht liebevoll ist, ein Hilferuf ist. Wenn wir keine Schuld in uns tragen, sehen wir nur Menschen, die Hilfe brauchen. Und indem wir anderen Menschen helfen, wird uns selbst geholfen.

17

Die Verbindung zwischen Zurückweisung und Trennung

> Verlust ist nicht Verlust, wenn er richtig wahrgenommen wird. Schmerz ist unmöglich. Es gibt keinen Gram mit irgendeiner Ursache. Und Leiden jeder Art ist nichts als ein Traum. Das ist die Wahrheit, die zuerst nur gesagt, dann viele Male wiederholt wird, um als Nächstes mit vielen Vorbehalten nur zum Teil als wahr akzeptiert zu werden. Dann aber wird sie immer ernstlicher erwogen und schließlich als die Wahrheit angenommen werden. Ich kann beschließen, alle verletzenden Gedanken zu verändern. Und heute möchte ich über diese Worte und über alle Vorbehalte hinausgehen und zur vollen Akzeptanz der Wahrheit in ihnen gelangen.
>
> *Ein Kurs in Wundern*, Ü-II.284.1:1-8

Immer wenn wir einen anderen Menschen oder eine Sache zurückweisen und uns von ihm oder ihr trennen, entsteht Schmerz. Das hat zur Folge, dass wir uns verletzt und zurückgewiesen fühlen. Wir brauchen nur einmal auf die leidvollen Zeiten in unserem Leben zurückzuschauen. Sie zeigen, dass *wir andere Menschen oder Dinge zurückgewiesen haben*. Alle körperlichen Symptome eines Herzensbruchs, zu denen auch Verletzungen oder Krankheiten gehören, zeigen Orte, an denen wir jemanden oder etwas zurückgewiesen und den Verlust unserem Körper auferlegt haben. Das kann uns rasch von der Tatsache ablenken, dass *wir derjenige waren, der zurückgewiesen hat*. Herzensbrüche und Gefühle der Verletztheit sind außerdem Orte, an denen **wir glauben**, dass jemand uns zurückweist, während wir insgeheim ihn zurückgewiesen haben. Unser Schmerz ist der Beweis. Unsere Verletztheit zeigt immer und überall, dass wir es waren, die zurückgewiesen haben. Zurückweisung ist eine Projektion. Wenn wir einen anderen Menschen zurückweisen, ist in unserer Wahrnehmung er derjenige, der uns zurückgewiesen hat. Ein Herzensbruch ist Teil eines Machtkampfs, eine Form von emotionaler Erpressung, mit der wir einen anderen Menschen dazu bringen wollen, unsere Bedürfnisse zu erfüllen. Gleichzeitig verstecken wir das heimliche Drehbuch, das wir ihm zugewiesen haben und dem zufolge er sich genauso verhalten hat, wie wir es geplant hatten, um unabhängig sein zu können. Wir können uns von jeder Verletzung, die wir jemals erlitten haben, zeigen lassen, wo wir einen Fehler gemacht haben, den zu heilen wir aufgerufen sind. Das hat zur Folge, dass wir unser Ego und seine Mauern der Trennung durch Heilung auslöschen können. So kann die Erfahrung, die mit Schmerz begonnen hat, in eine positive Erfahrung – eine Geburt auf eine ganz neue Ebene – verwandelt werden. Heilung löst nicht nur die Mauern des Egos auf, sondern auch den Schmerz, die Angst, das Bedürfnis und die Schuld, auf der Trennung aufgebaut ist. Sie hindert uns daran, uns mit anderen Menschen zu verbinden und zu empfangen. Wir können diese Anteile unseres Herzens zurückgewinnen.

Zurückweisung findet zuerst im Bewusstsein statt. Wir weisen einen Anteil unserer selbst zurück und spalten ihn anschließend ab. Wir tun so, als ob dieser Anteil nicht wir wäre, und vergraben ihn. Das Ego verspricht, uns von diesem schuldigen Aspekt zu befreien, indem es ihn auf einen anderen Menschen projiziert. Natürlich täuscht es uns und projiziert die Schuld mithilfe von Urteilen und Angriff, während es gleichzeitig dafür sorgt, dass sie in uns bestehen bleibt. Wir trennen uns von allem, was wir an uns selbst zurückweisen, und das erzeugt ein gespaltenes Bewusstsein. Ein gespaltenes Bewusstsein macht es wesentlich schwieriger, unsere Ziele zu erreichen. Wir wollen sie erreichen *und* wollen sie nicht erreichen, weil unser Wunsch nach anderen Dingen wie Unabhängigkeit und Kontrolle oder danach, unseren eigenen Weg zu gehen, größer ist. Zurückweisung wird in unserem Bewusstsein zu Widerstand, der alles noch anstrengender macht. Wir verlagern ihn auf unseren Körper. Je mehr er sich aufbaut, umso tiefer wird er verborgen. Das macht es schwierig, ihn aufzulösen, weil körperliche Symptome uns ablenken, statt uns unmittelbar auf das hinzuweisen, was in unserem Bewusstsein der Heilung bedarf. Deshalb ist es wichtig, alte Verletzungen und Herzensbrüche zu klären.

Der Schmerz, den wir durch andere Menschen erlitten haben, zeigt, wo wir sie benutzt haben, um uns selbst anzugreifen. Er zeigt, wo wir uns selbst verurteilt und zurückgewiesen haben. Wir können zu jeder Verletzung zurückkehren, an die wir uns noch erinnern, und jetzt das akzeptieren, was wir damals an uns selbst, anderen Menschen und der Situation nicht akzeptieren konnten. Wir können eine Brücke zu den anderen an der Situation beteiligten Menschen bauen, indem wir ihnen und der Situation vergeben und sie segnen. Auch wenn die Dinge scheinbar nicht nach Plan gelaufen sind, wie die Verletzung, die wir erlitten haben, beweist, sind sie exakt so abgelaufen, wie wir es in unserem heimlichen Drehbuch vorgesehen hatten. Wir haben das Ereignis benutzt, um die Zurückweisung und die von ihr verursachte Trennung zu verstärken und unser Ego aufzubauen.

Unser Hang zur Zurückweisung und Trennung reicht bis zu unserem Fall aus dem Zustand des EINSSEINS zurück. Er setzt sich fort in unserem endlosen Streben nach Besonderheit, Unabhängigkeit und danach, unseren eigenen Weg zu gehen und Gott in unserer eigenen Welt zu sein. Einbeziehung bringt Liebe. Die in uns schlummernden alten Herzensbrüche und die zwangsläufig damit verbundenen Akte der Trennung sind auch in unseren jetzigen Beziehungen noch Mauern, die uns trennen. Sie haben Hindernisse aufgebaut, die uns von uns selbst, unserem Partner, anderen Menschen und GOTT trennen. Trennung ist die Wurzel allen Schmerzes und aller Probleme. Sie erzeugt Angst, Schuld, den Autoritätskonflikt, Groll und Urteile – und alle diese Dinge verursachen Leiden.

Der HEILIGE GEIST – das Tao – kann Einbeziehung wiederherstellen und Zurückweisung, Selbstzurückweisung, Verletztheit und Herzensbruch beenden. Wir können Liebe und Selbstliebe jetzt wiederherstellen, indem wir akzeptieren und über den Widerstand hinausgehen, der uns durch Orte gezeigt wird, an denen wir in altem Schmerz erstarrt sind. Unser alter Schmerz bewirkt, dass wir uns davor fürchten, jetzt mit unserem Partner und im Leben den nächsten Schritt zu gehen. Das Maß unserer Unabhängigkeit entspricht dem Maß unseres alten Schmerzes.

Akzeptanz und die Überwindung von Widerstand ermöglichen eine Neugeburt. Sie ist der beste Grund dafür, die Ereignisse der Vergangenheit zu transformieren – die in Wirklichkeit niemals geschehen sind. Selbsttäuschung aufzugeben heißt, Schmerz aufzugeben und andere Menschen von unserem Groll zu befreien. Alte Verletztheit und alten Herzensbruch aufzugeben heißt, unser Herz zurückzugewinnen. Das gibt uns neuen Auftrieb und hilft uns, gemeinsam mit unserem Partner zu einem besseren Ort voranzugehen.

18

Veränderung

Ich gebe heute GOTT mein Leben, damit ER es lenke.
Ein Kurs in Wundern, Ü-II.233

Unsere Welt ist ein Spiegel unserer Gedanken. Unsere Gedanken sind unsere Wünsche und unsere Glaubenssätze, bei denen es sich um die statischen Gedanken handelt, die stets präsent sind. Um uns zu ändern, sind wir aufgerufen, zuerst unser Denken zu ändern. Dazu ist Heilung notwendig, denn Heilung ist die Bereitschaft, anderen Geistes zu werden. Diese Bereitschaft lässt die Wahrheit zu. Sie bewirkt die Transformation, die Illusionen auflöst und die durch Vergebung und Selbstvergebung geschieht. Veränderung geschieht durch Liebe. Sie geschieht durch Geben und Akzeptanz. Heilung geschieht durch Loslassen, Integration und Kommunikation. Sie geschieht durch Verpflichtung, die Wahrheit und die Bereitschaft, anderen Menschen zu helfen. Heilung rührt daher, dass wir Angriff und Selbstangriff aufgeben. Sie rührt daher, dass wir unsere Lebensaufgabe leben und unsere Bestimmung annehmen. Sie rührt daher, dass wir wahrhaftig entscheiden und Fehler berichten. Sie rührt daher, dass wir glücklich sind und unsere Unschuld entdecken. Sie rührt daher, dass wir Urteile loslassen und um Gnade und Wunder bitten. Sie rührt daher, dass wir die GÖTTLICHE LIEBE und die GÖTTLICHE PRÄSENZ willkommen heißen. Sie rührt von unserer Bereitschaft her. Sie rührt daher, dass wir segnen. Alle diese Dinge tragen dazu bei, die Begrenzungen zu beseitigen, die das Ego unserem Geist auferlegt hat, was wiederum Begrenzungen und Dunkelheit in der Welt beseitigt. *Ein Kurs in Wundern* bittet uns, unseren Geist in die Obhut des

Heiligen Geistes zu geben, damit er berichtigt werden kann, und schließlich sogar unsere Gabe der Wahl in seine Hände zu legen, damit wir alle die Liebe wählen können.

19

Über die Verfolgung hinaus

Wahrscheinlich hast du jahrelang so reagiert, als würdest du gekreuzigt. Das ist eine ausgeprägte Tendenz bei den Getrennten, die es immer ablehnen, darüber nachzudenken, was sie sich selbst angetan haben.

Ein Kurs in Wundern, T-6.I.3:1-2

Auf der alltäglichen Ebene der illusionären Welt besteht unser höchstes Ziel darin, aus der Überzeugung zu erwachen, dass Verfolgung eine Wirklichkeit ist. CHRISTUS sagte, ER sei der Weg, die Wahrheit und das Licht. ER wies den Weg durch das extreme Beispiel SEINER Kreuzigung. ER zeigte, dass ER kein Körper, sondern vielmehr, als der wesenhafte und einzig wirkliche Teil SEINER SELBST, reiner Geist ist. Als reiner Geist konnte ER weder angegriffen noch verfolgt werden. Als reiner Geist erkannte ER, dass ER unbegrenzt war und Wunder vollbringen konnte. Durch das extreme Beispiel SEINER Kreuzigung wollte ER einen Weg durch die unerträgliche Qual weisen, die damit verbunden ist, Opfer zu sein, und so eine Möglichkeit aufzeigen, wie wir das Glaubenssystem des Egos und diese Welt hinter uns lassen können, während wir die Trennung überschreiten und ins EINSSEIN eintreten.

Die Botschaft, die die Kreuzigung lehren sollte, war die, dass es nicht nötig ist, irgendeine Form des Angriffs in der Verfolgung zu sehen, weil

> du nicht verfolgt werden *kannst*. Wenn du mit Ärger reagierst, dann setzt du dich zwangsläufig mit dem Zerstörbaren gleich und betrachtest dich daher auf wahnsinnige Weise.
>
> *Ein Kurs in Wundern*, T-6.I.4:6-7

Wenn wir anfangen, uns jenseits des Körpers wahrzunehmen, erfahren wir wahre Macht und die Freude der Verbindung, die zum EINSSEIN führt. Wir überschreiten die Götzen des Strebens nach Glück in äußeren Dingen statt in der Liebe und in GOTT.

Alle Opfersituationen zu heilen, die wir benutzt haben, um unsere Identität als getrenntes Ego aufzubauen, heißt, unser Leben zu transformieren. Wir können in Würde die Verantwortung für alles übernehmen, was geschehen ist. Dies ist der Weg der Heilung, auf dem wir Frieden und Ganzheit zurückgewinnen und der unser Selbstvertrauen wiederherstellt. Dies ist der Ort, an dem wir Eigenverantwortung für die gespaltenen, widerstreitenden Anteile unseres Bewusstseins übernehmen, die wir tief im Unterbewusstsein und im Unbewussten verborgen haben und nach außen auf die Welt projizieren – die Anteile, die uns anzugreifen und zu verfolgen scheinen. Je mehr wir danach streben, dort vom Ego frei zu sein, wo wir bisher seine Geisel waren, umso bösartiger greift das Ego uns an und benutzt dazu die noch nicht geheilten, schmerzerfüllten Anteile, die Mauern in unserem Geist bilden und uns von uns selbst, anderen Menschen und GOTT trennen.

Der Zweck dieser Welt besteht darin, sie zu heilen. Diese Welt ist das, was wir verurteilt haben und deshalb fürchten, was wir abgespalten, vergraben und dennoch nach außen projiziert haben. Bei unserer Heilung geht es also immer darum, unsere Unschuld wiederzugewinnen. Heilung heißt, uns von der Schuld und der Angst zu befreien, die das Ego benutzt, um seine Selbstkonzepte aufzubauen. Das Ego investiert in Schwäche. Der Körper, den es zu seinem Zuhause erkoren hat, setzt uns mit dem Zerstörbaren gleich. Es benutzt ihn, um seine Macht über uns zu bewahren.

> Wie ich schon sagte: »Wie du lehrst, so wirst du lernen.« Wenn du so reagierst, als würdest du verfolgt, so lehrst du die Verfolgung. Eine solche Lektion sollte ein SOHN GOTTES nicht lehren wollen, wenn er seiner eigenen Erlösung gewahr werden möchte. Lehre vielmehr deine eigene

vollkommene Unantastbarkeit, welche die Wahrheit in dir ist, und sei dir darüber klar, dass sie gar nicht angegriffen werden *kann*.

Ein Kurs in Wundern, T-6.I.6:1-4

Angriff und Verfolgung können einen Körper in der Tat heimsuchen und sogar zerstören. Wenn wir reiner Geist sind, können wir jedoch unmöglich zerstört werden, denn alles, was zerstörbar ist, ist unwahr oder nicht wirklich. Wir können jede Erfahrung, die Ärger – Angriff, Selbstangriff Rückzug oder passive Aggression eingeschlossen – in uns ausgelöst hat, benutzen, um herauszufinden, wo wir uns mit dem Ego identifizieren. Alle Opfererfahrungen zeigen deshalb, wo wir uns mit unserem Ego, unserem Körper, unseren Bedürfnissen und den Mauern identifizieren, die wir errichtet haben.

Das Ego wird sich irgendwann selbst zerstören und versuchen, uns mit in die Tiefe zu reißen. Wir können jedes schmerzhafte Ereignis jedoch als Chance nutzen, um das Ego durch Heilung und die von ihr herrührende Unschuld auszulöschen und die Freude des reinen Geistes zu entdecken, der unser wahres Wesen ist. CHRISTUS erklärt in *Ein Kurs in Wundern*, dass SEIN extremes Lehrbeispiel den Weg über die Verfolgung hinaus weisen sollte. ER wies DEN Weg der Liebe und der Vergebung, indem er zeigte, dass ER keine Feinde hatte. Durch SEIN Lehrbeispiel, dass ER ewiger Geist war und nicht verletzt werden konnte, machte ER deutlich, dass ER die Wahrnehmung der Welt nicht akzeptierte, der zufolge ER verfolgt, verraten, im Stich gelassen und getötet wurde. Alles, was geschah, sollte ein extremes Beispiel sein, das mit der Kreuzigung begann und mit der Auferstehung und dem Aufstieg in den Himmel endete. SEINE Liebe und SEINE Vergebung zeigten, dass ER keine Feinde hatte. Darin weist CHRISTUS den Weg, der aus der Verfolgung in der Welt hinausführt. Wenn wir diesen Weg gehen, befreien wir uns von dem Schmerz, den Bedürfnissen, der Angst, der Schuld und schließlich von den Selbstkonzepten, die sie hegen. Damit heißen wir die Wahrheit und das Licht unseres reinen Geistes willkommen. Wir können unsere emotionalen Verstimmungen nutzen, um Heilung zu erlangen und das Ego zu demontieren. Wir können den Schmerz ebenso aufgeben wie unsere Opfergeschichten, die niemals die Wahrheit waren, um einmal mehr Frieden und Freiheit zu finden.

20

Schmerz

> Die Welt mag scheinbar Schmerz bei dir verursachen. Doch hat die Welt, als ursachlos, keine Macht, zu verursachen. Als eine Wirkung kann sie keine Wirkungen erzeugen. Als eine Illusion ist sie das, was du wünschst. Deine eitlen Wünsche stellen ihre Schmerzen dar. Deine seltsamen Verlangen bringen ihr böse Träume. Deine Todesgedanken hüllen sie in Angst ein, während sie in deiner gütigen Vergebung lebt.
>
> *Ein Kurs in Wundern,* Ü-I.190.7:1-7

Wir glauben manchmal, dass andere Menschen und die Welt uns Schmerz bereiten. Dabei halten wir alle und alles außer uns selbst für die Ursache dieses Schmerzes. Es ist wahnsinnig, bewusst Schmerz zu wollen, sodass wir unser heimliches Verlangen danach und unsere eitlen Gedanken, die dazu führen, verbergen müssen. Wir wollen nicht sehen, dass unsere Gedanken so große Macht besitzen. Wir wollen nicht wirklich wissen, dass unsere Negativität oder unsere Gedanken an das Böse und an den Tod tatsächlich Gestalt annehmen. Das tun sie dennoch ungeachtet dessen, dass wir sie vor uns selbst verborgen haben.

Wir wollen zeigen, dass wir mächtiger sind als GOTT, und obwohl wir uns oberflächlich als guter, liebenswürdiger und netter Mensch präsentieren, tragen wir tief in uns einen verborgenen Kern aus Negativität und altem Schmerz, um unsere wahre Güte und Unschuld zu verbergen. Unser Schmerz besteht in unseren uralten bösen Gedanken, die wir noch immer in uns tragen. Aus Angst vor Freiheit und in dem uralten Verlangen danach, unsere eigene Welt in der Zeit zu besitzen, in die GOTT nicht kommen kann, waren wir bereit, den Preis des Schmerzes zu bezahlen, um dieses uralte, irrige Verlangen erfüllt zu bekommen. Unser Elend soll beweisen, dass GOTT als GOTT versagt hat. Wir enthalten GOTT SEINEN eigenen SOHN vor. Wir errichten eine Welt aus Angst und Elend in der Zeit, um GOTT zu zeigen, dass ER versagt hat und dass wir gewonnen haben. Dazu mussten wir jedoch einen Ort erschaffen, der von Verlust und Grausamkeit geprägt ist. Wir haben die Welt zu einem bitteren Ort der Angst und der Kümmernis gemacht. Wir haben uns in der Zeit verloren. Wir haben vergessen, dass wir die Welt zu dem gemacht haben, was sie ist. Wir haben alle diese Dinge unter Schichten der Verleugnung vergraben, damit wir uns weiterhin als guten, liebenswürdigen und netten Menschen sehen können. Wir leiden durch unsere eigene Hand und weisen die Schuld allen anderen Menschen zu, übernehmen aber niemals die Verantwortung für unser Leben und unsere Welt.

Wir haben unsere uralte Rebellion meist so tief vor uns selbst verborgen, dass es uns schwerfällt zu glauben, dass wir der Autor unseres Schmerzes sein könnten. Manchmal reichen wir dennoch an diesen Ort in unserem Bewusstsein hinab und handeln mit einem hohen Maß an Starrköpfigkeit und Perversität. Unsere Aufsässigkeit und unsere Unversöhnlichkeit führen einen Schlag der Verwünschung gegen das Leben und gegen GOTT. Unser Nihilismus tritt zutage. Wir gehen mit jedem hart ins Gericht, der uns nahekommt, um uns mit unserem Teufelskreis aus Schmerz und Angriff zu konfrontieren, oder wir verteidigen uns, als ob er uns verletzt und uns zu Unrecht unerträglichem Schmerz ausgesetzt hätte. Wir tun alles, um nicht zu erkennen, dass wir es selbst getan haben. Wir haben GOTT SEINEN SOHN vorenthalten. Dieser Bereich unseres Bewusstseins ist von Arroganz erfüllt. Wir kämpfen gegen GOTT, um zu beweisen, dass wir IHM überlegen sind, und wenn es keine andere Möglichkeit gibt, unsere Überlegenheit zu zeigen, entscheiden wir uns für den Tod. GOTT ist zu schwach, um uns aufzuhalten, sodass wir sogar in der Zerstörung unseres Körpers dem Ego ein Denkmal setzen und diese Tatsache unter Schichten der Verleugnung verbergen.

Doch es gibt einen anderen, besseren Weg, der transzendente Gaben und Wunder in sich birgt, die sowohl uns als auch der Welt helfen. Schmerz muss nicht sein. Wir müssen uns nicht aus Gehässigkeit angreifen und die Tatsache, dass wir es getan haben, vor uns selbst verbergen. Wir können die Verantwortung für unsere Situation übernehmen und sie sofort in die Hände des Heiligen Geistes legen, damit er sie für uns aufheben kann.

21

Illusionen über dich selber

Illusionen über dich selber und die Welt sind eins.

Ein Kurs in Wundern, Ü-I.62.2:1

Nur durch meine Gedanken werde ich beeinflusst. Es braucht nur dies, um die Erlösung zu aller Welt kommen zu lassen. Denn in diesem einen Gedanken wird jeder endlich von der Angst befreit. Jetzt hat er gelernt, dass niemand ihn in Angst versetzt und dass ihn nichts gefährden kann.

Ein Kurs in Wundern, Ü-II.338.1:1-3

Wenn wir dieses Prinzip konsequent umsetzen, gibt es uns eine einfache Möglichkeit an die Hand, die Welt zu verändern. Wenn unsere Illusionen über uns selbst und die Welt eins sind, brauchen wir nur uns selbst zu vergeben, um die Welt zu verändern. Wir können uns fragen, *wofür wir die Illusion der Welt benutzen*. Sobald wir erkennen, welchem Zweck ein Problem in unserer Welt dient und welche Belohnung es uns einbringt, können wir unseren Fehler erkennen und uns für die Heilung entscheiden. Dann kann es hilfreich sein, das Problem einzuordnen: Ist es ein einfaches Problem, ein größeres Problem oder ein chronisches Problem? Wenn es sich um ein einfaches Problem handelt, frage dich: „Wofür soll ich mir selbst vergeben?"

Vergib dir für das, was dir in den Sinn kommt. Wiederhole die Frage zehnmal und vertraue auf den Prozess. Wenn ein Akt der Selbstvergebung dir schwer-

t, bitte um die Hilfe des HIMMELS und denke daran, dass du, wenn du dich
st angreifst, alle Menschen angreifst, die du liebst.

Wenn du ein größeres Problem hast, vergib dir zweiundzwanzig Mal. Es empfiehlt sich, dir auf einem Blatt Papier oder in einem Heft zu notieren, was dir in den Sinn kommt, weil es deiner Selbstvergebung bedarf. Du kannst die Übung der Selbstvergebung im Sitzen oder im Stehen durchführen. Wenn du sie im Stehen durchführst, kannst du nach jedem Akt der Vergebung einen Schritt vortreten. Denke daran, dass du für dein gesamtes Leben verantwortlich bist. Wenn du zurückblickst und über dein Leben nachdenkst, kannst du leicht erkennen, wo du aus Angst, Schuld, Groll und deinem Autoritätskonflikt heraus falsche Entscheidungen getroffen hast. Jeder schmerzerfüllte Ort zeigt es dir. Alle diese Orte können durch Selbstvergebung mühelos geheilt werden.

Wenn du dich mit den chronischen Problemen in deinem Leben oder in der Welt befasst, vergib dir hundertmal. Dies ist eine wirkungsvolle Methode, um zutiefst chronische Probleme zu lösen. Wenn du dich mit chronischen Problemen in der Welt befasst und dich der Aufgabe wirklich verschrieben hast, kannst du die Übung der hundert Akte der Vergebung zehn Tage in Folge jeden Tag durchführen. Ein Partner, der die Übung gemeinsam mit dir durchführt, kann dich anspornen, auf dem Weg der Heilung zu bleiben und dein Ziel zu erreichen. Du kannst die Übung der Vergebung immer dann durchführen, wenn du an das Ziel der Heilung denkst. Damit hilfst du allen Menschen, denn du bist untrennbar mit der Welt verbunden.

Das hat auch Martin Heidegger gesagt, der große deutsche Philosoph des 20. Jahrhunderts. Wir brauchen die Welt ebenso, wie die Welt uns braucht. Wir müssen uns weder mit uns abfinden, wie wir sind, noch müssen wir uns mit der Welt abfinden, wie sie ist. Vergebung und Selbstvergebung sind die Schlüssel zur Transformation, wenn wir vergeben wollen und feststellen, dass wir gereizt oder sogar verärgert sind. In solchen Fällen haben wir es offensichtlich mit einem Selbstkonzept zu tun, dem wir verhaftet sind und das wir kompensieren. Unsere emotionale Verstimmung zeigt, wo wir unter der Kompensation ein Selbstkonzept verborgen haben. Anderenfalls erkennen wir, dass unsere Aufregung über das, was andere Menschen tun, nicht nur ein Hilferuf unsererseits ist, sondern auch ein Hilferuf desjenigen, über den wir uns aufgeregt haben. Sie zeigt einen Ort der Abwehrhaltung, des Schmerzes und der Schuld. Wir müssen uns damit nicht abfinden. Wir können uns selbst und der Welt für unsere Projektion vergeben.

22

Mein Gefängnis

Ich habe das Gefängnis, in dem ich mich selbst sehe, erfunden. Das Einzige, was ich tun muss, ist, das zu begreifen – und ich bin frei. Ich habe mich dahingehend irregeführt, zu glauben, es sei möglich, den SOHN GOTTES zum Gefangenen zu machen. Ich habe mich in dieser Überzeugung sehr geirrt, die ich nun nicht mehr will. GOTTES SOHN muss ewig frei sein. Er ist, wie GOTT ihn schuf, und nicht, was ich aus ihm machen möchte. Er ist, wo GOTT ihn haben will, und nicht, wo ich ihn gefangen zu halten glaubte.

Ein Kurs in Wundern, Ü-I.57.2:2-8

Ich habe festgestellt, dass Angst unter jedem unserer Probleme verborgen liegt. Wenn wir angstvoll sind, sind wir gelähmt oder neigen dazu, uns zu verstecken. Wir verstecken uns in Leiden und Krankheit. Wir verstecken uns in Beziehungsfallen und in allen anderen nur denkbaren Symptomen. Alle unsere Symptome haben ihre Wurzeln in Beziehungsproblemen. Unsere Probleme und unser Schmerz sind Muster, die als Missverständnisse und Groll in Beziehungen begonnen haben. In unserer Angst haben wir uns in ein Gefängnis eingesperrt, das wir selbst errichtet haben. Wir wollten das Tempo drosseln und unseren Lernprozess, unsere Entwicklung und unser Wachstum kontrollieren, obwohl Lernerfahrungen, Wachstum und Heilung genau die Dinge sind, die unser Leben verbessern und uns glücklich machen. Wenn wir erkennen, dass alle unsere Probleme ein Gefängnis sind, in das wir uns selbst gesperrt haben, können wir uns dafür entscheiden, dass unsere Angst und unser Umgang mit uns selbst als

Kind Gottes einfach töricht sind. Es gibt eine grundlegende Möglichkeit, dem zu entkommen, was uns offenkundig zurückhält. Es ist nicht Gottes Wille, dass wir in irgendeiner Form gefangen sind, und wir können an ihn appellieren, uns aus der Zwangslage zu befreien, in die wir uns selbst gebracht haben. Gott liebt uns als seine Kinder. Alles andere ist *unser* Autoritätskonflikt, in dem wir Gott zu unserem Feind erklärt haben – anstatt zu dem Freund und liebenden Elternteil, der er ist. Er hat uns seine Gaben ebenso gegeben wie sein Wesen als reiner Geist. Deshalb können wir nicht länger zurückgehalten werden, als wir zurückgehalten werden wollen.

23

Meine Welt

Was immer ich sehe, spiegelt meine Gedanken wider. Meine Gedanken sind es, die mir sagen, wo ich stehe und was ich bin. Die Tatsache, dass ich eine Welt sehe, in der es Leiden und Verlust und Tod gibt, zeigt mir, dass ich nur die Darstellung meiner wahnsinnigen Gedanken sehe und meine wirklichen Gedanken nicht ihr wohltuendes Licht auf das werfen lasse, was ich sehe. Doch der Weg GOTTES ist sicher. Die Bilder, die ich gemacht habe, können IHN nicht überwältigen, weil es nicht mein Wille ist, dass dies geschehe. Mein Wille ist der SEINE – und ich will keine anderen Götter neben IHN stellen.

Ein Kurs in Wundern, Ü-I.53.5:2-7

Wir benutzen unsere Welt und unsere Gedanken, um uns zu sagen, wer wir zu sein glauben und was wir zu sein glauben. Ein negatives Selbstbild offenbart ein bestimmtes Maß an innerer Schuld, und diese Schuld weicht einem Glauben an Sünde. Die Sünde weicht einem Todeswunsch. Dies sind die Gedanken des Egos, die Verlust, Leiden und Krieg hervorbringen. Sie beschäftigen uns so stark und lenken uns so sehr ab, dass wir niemals die Gedanken finden, die wir mit GOTT denken – die Gedanken, die zur Freude, zum Licht und zum Glücklichsein führen. Die negativen Dinge in unserer Welt sind ein Spiegel dessen, was wir in diesem Leben heilen wollten. In dieser Heilung finden wir den Weg zu den Wurzeln unserer Themen und Probleme.

Wenn du dich beispielsweise laut oder leise über einen anderen Menschen beklagst, frage dich, welcher Aspekt dich an ihm stört und worin deine Klage gegen ihn besteht. Betrachte die Eigenschaft, über die du dich beklagst, dann so, als ob du sie selbst in dir tragen würdest. Vielleicht erkennst du sie als etwas, das du ebenfalls tust. Vielleicht kompensierst du diese Eigenschaft auch, indem du aggressiv genau entgegengesetzt handelst. Damit tust du zwar „das Richtige", verbirgst in Wirklichkeit aber nur den Ort, an dem du den gleichen negativen Glaubenssatz über dich selbst in dir trägst. Du kannst dich für diesen Glaubenssatz verurteilen und angreifen oder dem betreffenden Menschen helfen, statt ihn zu verurteilen. Wenn du ihm hilfst, befreist du euch beide. Negative Glaubenssätze sind *immer* mit Selbstbestrafung verbunden, ganz gleich, wie gut du sie kompensierst. Komischerweise fühlen sich Menschen, die diese Negativität kompensieren, immer den Menschen überlegen, die sie ausagieren. Deine Überlegenheit und dein Urteil über einen anderen Menschen zeigen, dass auch du die Schuld in dir trägst. Du hast ihn lediglich dazu gebracht, *deine* Schattenfigur auszuagieren.

Das Problem eines anderen Menschen zeigt einen Ort, an dem du versprochen hattest, ihm zu helfen, es aber nicht getan hast. Wenn das geschieht, trägst du ein noch höheres Maß an Schuld in dir. Was solltest du ihm geben, um ihn vor sich selbst zu retten? Was du ihm vorenthalten hast, das hast du auch deiner Ursprungsfamilie vorenthalten, und du enthältst es ebenso deinem Partner und deiner jetzigen Familie vor. Alle diese Menschen brauchen die Gaben, die du mitgebracht hast, und du kannst sie heilen, indem du sie auf einer energetischen Ebene gibst. Gib sie jetzt. Wenn du dein Urteil loslässt, lässt du deinen Angriff auf die Welt los. Wenn du deinen Angriff auf die Welt loslässt, lässt du deine Schuld los, die du benutzt hast, um dich selbst anzugreifen. Wenn du deine Schuld loslässt und stattdessen gibst, durchschneidest du den riesigen Treibanker, den du hinter dem Kleinwagen deines Lebens hergezogen hast. Das macht dein Leben wesentlich einfacher, und du hast wesentlich mehr Energie.

24

Verwirrung

Niemand verlangt nach Schmerz. Doch kann er denken, Schmerz sei Lust. Niemand möchte sein Glück vermeiden. Doch kann er denken, dass Freude schmerzhaft, bedrohlich und gefährlich sei. Jeder wird das empfangen, um was er ansucht. Doch kann er fürwahr verwirrt sein über die Dinge, die er will, und über den Zustand, den er erlangen möchte. Um was kann er dann ansuchen, das er wollen möchte, wenn er es empfängt? Er hat um das gebeten, was ihn in Angst versetzen und ihm Leiden bringen wird. Heute wollen wir beschließen, um das zu bitten, was wir wirklich wollen, und nur um das, damit wir diesen Tag in Furchtlosigkeit verbringen mögen, ohne Schmerz mit Freude oder Furcht mit Liebe zu verwechseln.

Ein Kurs in Wundern, Ü-II.339.1:1-9

Ich habe die Erfahrung gemacht, dass alle Menschen verwirrt sind, wenn sie eine traumatische Situation durchleben oder in Problemen gefangen sind. Gestern habe ich in einem Workshop mit einer äußerst erfolgreichen Geschäftsfrau gearbeitet, deren Firma sie als leitende Beraterin in die ganze Welt schickte. Sie war gut in dem, was sie tat, und genoss ein Leben voller Spaß und Abenteuer. Ihr einziges Problem bestand darin, dass sie das Gefühl hatte, in einem Dilemma zu stecken. Sie glaubte, dass sie nicht gleichzeitig ihre äußerst erfolgreiche Karriere fortsetzen *und* wahre Liebe und eine Familie haben konnte. Dies ist eine klassische ödipale Verschwörung, die von dem Glaubenssatz herrührt, dass wir die Liebe unserer Mutter und die Liebe unseres Vaters nicht in gleichem Maße haben können. Wir kehrten zu mehreren Orten in ihrer Kindheit zurück, und mit der Unterstützung der anderen Workshop-Teilnehmer gelang es ihr, sich mit beiden Elternteilen wieder neu zu verbinden. Sie klärte einige grundlegende Muster der Kontrolle, als sie die Seelengaben mit ihren Eltern teilte, die sie ihnen geben wollte, um sie von ihren Mustern zu befreien. Anschließend führte ich sie zu den entsprechenden Ereignissen zurück, die während ihrer Zeit im Mutterleib stattgefunden hatten. Eine Wurzel des Problems in diesem Leben hatte ihren Ursprung in einem Vorfall, der mit ihrer Mutter zu tun hatte. Eine weitere Wurzel war ein Zwischenfall, der ihren Vater betraf. Schließlich gelangten wir an den Ort, an dem sie wichtige Türen vor sich selbst, vor ihrem Herzen und vor ihrer Fähigkeit, die ganze Fülle des Lebens zuzulassen, verschlossen hatte. In ihrer letzten Beziehung mit Mitte zwanzig hatte sie einen tiefen Herzensbruch erlitten und es danach aufgegeben, eine Beziehung finden zu wollen. Sie hatte sich zurückgezogen, um sich vor künftigen Verletzungen zu schützen, aber das hatte sie in Misstrauen und Leblosigkeit gestürzt. Sie hatte sich sowohl von ihrem Herzen als auch von sich selbst zurückgezogen und ihr Herz zu 98 Prozent und sich selbst zu 40 Prozent weggeworfen. Sie öffnete alle Türen und ging die Schritte, die sie wieder mit sich selbst, ihrem Herzen und ihrem Leben in Berührung brachten. Anschließend konnte sie alles wieder in vollem Umfang willkommen heißen, was sie von sich selbst und ihrem Herzen weggeworfen hatte.

Danach befassten wir uns mit der Frage, warum sie in ihrer letzten Beziehung gewollt hatte, dass ihr Freund sie wegen einer anderen Frau verließ, die er später auch heiratete, was ihr das Gefühl gab, beraubt worden zu sein. Während unseres Gesprächs begriff sie, dass sie und ihr damaliger Freund in unterschiedliche Richtungen gegangen waren. Er wollte heiraten und eine Familie gründen, während sie ein spannendes Berufsleben vorzog. Sie erkannte, dass sie nach einer Möglichkeit gesucht hatte, sich von ihrem Freund zu trennen und ihre eigenen Ziele zu verfolgen. Danach hatte er sie wegen einer anderen Frau verlassen.

Dies war ebenfalls ein klassisches Muster, ein Zeichen von ödipaler Schuld dafür, dass sie ihre Mutter verraten hatte, um ihr den Mann – ihren Vater – zu rauben. Anschließend musste sie – wie es bei den meisten derartigen Kindheitsszenarien der Fall ist – einen Herzensbruch herbeiführen, der mit ihrem Vater zu tun hatte, um sich von ihm zu distanzieren. Sie begriff, dass sie den Bruch mit ihrem Freund gewollt hatte, weil sie sich nicht vorstellen konnte, sowohl ihre Beziehung als auch ihre beruflichen Träume erfolgreich zu verwirklichen.

Nachdem sie begriffen hatte, was tatsächlich vor sich ging, konnte sie ihre Gefühle des Herzensbruchs und ihre Opferhaltung loslassen. Sie erkannte, dass sie sich in so hohem Maße mit ihrer dissoziierten männlichen Seite identifiziert hatte, dass sie außerstande war, ihr Herz zu fühlen. Sie war außerstande, mehr als eine oberflächliche Beziehung einzugehen. Sie erkannte, dass sie die Trennung gewollt hatte, um ihre eigenen Ziele zu verfolgen. Sie begriff nicht, dass es eine mühelose, von einem hohen Maß an Reife geprägte Möglichkeit gab, dieses Ziel zu erreichen, ohne einen schmerzhaften Herzensbruch erzeugen zu müssen.

Es stellte sich außerdem heraus, dass sie auf einer unterbewussten Ebene geglaubt hatte, durch ihre Opferrolle einen Teil ihrer ödipalen Schuld tilgen zu können. Diese Tatsache hatte sie natürlich bisher vor sich selbst verborgen. Alle diese Dinge spielten sich in ihrem Unterbewusstsein ab, aber während unseres Gesprächs über das ganze Thema fügten sich viele Puzzleteile ihres Lebens zusammen. Ihr neues Verständnis erlaubte ihr, ein hohes Maß an altem Schmerz, Kontrolle und Dissoziation loszulassen und durch Vertrauen, Selbstvertrauen und Leidenschaft sowohl für eine Beziehung als auch für ihre Arbeit zu ersetzen. Sie war lediglich verwirrt gewesen und hatte geglaubt, leiden zu müssen, um zu bekommen, was sie wollte. Sie erkannte auch, dass die Selbstbestrafung, mit der sie ihre Schuld tilgen wollte, die Schuld nur weiter vergrößert und bewirkt hatte, dass sie sich noch schlechter fühlte, und dass das Ego auch die Schuld benutzt hatte, um sie zu verwirren und seine eigene Macht zu vergrößern.

25

Zeuge meines Denkens

Was ich sehe, legt dafür Zeugnis ab, was ich denke. Wenn ich nicht dächte, würde ich nicht existieren, weil Leben Denken ist. Lass mich die Welt, die ich sehe, als eine Darstellung meines eigenen Geisteszustands betrachten. Ich weiß, dass sich mein Geisteszustand ändern kann. Und damit weiß ich auch, dass sich die Welt, die ich sehe, ebenfalls ändern kann.

Ein Kurs in Wundern, Ü-I.54.2:2-6

Meine Welt ist Zeuge dessen, was ich denke, und was ich denke, zeigt, was ich wertschätze. Wenn ich die Welt als die Darstellung meiner eigenen Gedanken sehe, dann erkenne ich, dass ich für das verantwortlich bin, was ich sehe. Ich kann meine Gedanken verändern. Ich kann wählen, die Gedanken zu finden, die ich vor mir selbst verborgen habe, sodass ich sie verbessern kann. Ich kann mich dafür entscheiden, bessere Gedanken zu denken, damit ich die Welt heilen kann. Ich will mich auch dafür entscheiden, um die Hilfe des HIMMELS und meines eigenen höheren Bewusstseins zu bitten, um durch die Befreiung meiner Gedanken meine Welt zu befreien. Es ist nicht schwierig, mich zu befreien, wenn ich das Verlangen habe, es zu tun. Der HIMMEL ist mein FREUND und wird mir helfen in meinem Bemühen, Ordnung in meinen Geist zu bringen. Ich kann mir selbst und der Welt vergeben und ihr Frieden und Freiheit bringen. Ich kann meinen Geist in die Obhut des HIMMELS geben, damit er gereinigt wird und ich Heilung und Frieden erlangen kann. Deshalb bin ich hier, und es ist das, was ich tun will. Es ist das, was ich nach dem Willen des HIMMELS tun soll, sodass mir bei jedem Schritt des Weges geholfen wird, wenn ich darum bitte. In meinen Händen halte ich die Macht, die Welt zu verändern, weil ich in meinem Geist entscheiden kann, was ich wertschätze und was ich denke.

26

Die Ursache der Welt

Wenn die Ursache der Welt, die du siehst, Angriffsgedanken sind, dann musst du lernen, dass es diese Gedanken sind, die du nicht willst. Es hat keinen Sinn, über die Welt zu jammern. Es hat keinen Sinn, zu versuchen, die Welt zu verändern. Sie ist nicht imstande, sich zu verändern, weil sie bloß eine Wirkung ist. Hingegen hat es in der Tat einen Sinn, deine Gedanken über die Welt zu ändern. Damit veränderst du die Ursache. Die Wirkung wird sich von selbst verändern.

Ein Kurs in Wundern, Ü-I.23.2:1-7

Hinter diesem liegt das Wunder, das an die Stelle meines ganzen Grolls tritt.

Ein Kurs in Wundern, Ü-I.89.4:4

Unser Bewusstsein ist in so hohem Maße von Angriffsgedanken erfüllt, dass wir es für normal halten, über andere Menschen zu urteilen, sie anzugreifen und einen Groll gegen sie zu hegen. Es ist nicht nur nicht normal, sondern die Ursache allen Leidens in der Welt. Es ist das, was die Trennung und die Welt selbst entstehen lässt. Die Welt zeigt uns die Filme unseres Bewusstseins. Wahrnehmung ist immer eine Projektion. Wir können darum bitten, dass unsere aus unserem Groll bestehende Wahrnehmung durch das Wunder ersetzt werden möge, das sich hinter unserem Groll verbirgt. Es gibt einen Weg, uns von unserer Wahrnehmung zu befreien, und er besteht darin, der Welt zu vergeben. Deshalb sind wir hier, denn dadurch, dass wir der Welt vergeben, wird uns selbst vergeben. Durch unsere Unschuld wird die Welt inspirierend, hell und schön. Durch Vergebung erlangen wir unsere Lebenskraft und unsere Frische zurück.

Wir glauben oft, dass es keinen triftigen Grund gibt, der Welt zu vergeben, weil sie ein so kalter und herzloser Ort ist, aber gegen sie zu kämpfen bedeutet, sie zu verstärken und noch mehr Konflikte zu verursachen. Allein durch Vergebung wird die Welt aus dem Gefängnis unserer Wahrnehmung befreit. Allein durch Vergebung werden wir von der heimlichen – oder nicht so heimlichen – Schuld befreit, die uns in Haft nimmt und uns dazu bringt, uns sowohl unmittelbar als auch durch andere Menschen so bösartig anzugreifen. Die Welt wird erst dann wohlwollend, wenn wir wohlwollend werden. Dadurch, dass wir allem und jedem in der Welt vergeben, befreien wir uns selbst. Unsere Schuld verbirgt sich in Groll und Urteilen. Sie verbirgt sich in unseren Schattenfiguren, die auf die Welt projiziert werden. Wir haben unsere Schuld im Unterbewusstsein und im Unbewussten verborgen. In *Ein Kurs in Wundern* heißt es, dass wir nicht das Opfer der Welt sind, die wir sehen.

Wir können Verantwortung übernehmen und immer effektiver vergeben. Wir können den HIMMEL um Gnade und Wunder bitten. Wir wären noch immer in unserer eigenen, hausgemachten Hölle verloren, wenn GOTT uns keinen Ausweg geboten hätte. Der Schlüssel zur Freiheit, der uns gegeben wurde, liegt in Vergebung und darin, um Wunder zu bitten und uns dafür zu entscheiden, sie zu empfangen. Das Wunder, das sich hinter unserer Wahrnehmung und hinter unserem Groll verbirgt, wartet nur darauf, dass wir uns für es entscheiden. Ein Wunder kann auch geschehen, wenn wir die volle Verantwortung für das übernehmen, was geschieht, und es dann sofort dem HEILIGEN GEIST übergeben, damit ER es aufheben kann. Wir können auch darum bitten, durch die Augen CHRISTI zu schauen, damit wir die Welt auf eine Weise wahrnehmen, die ihr Frieden und Vergebung bringt. Dadurch wird sie dem Ego und seinen dunklen Gehilfen in der Welt entrissen und in Einheit und Freundschaft vorangebracht.

Unsere Erfahrung der Welt entspringt der Fassade unserer Wahrnehmung, und unsere Wahrnehmung birgt die Illusionen unseres Egos. Die Welt scheint erstarrt, aber wir können sie transformieren, indem wir unser Bewusstsein erhöhen. Dies geschieht durch Heilung, durch Liebe und dadurch, dass wir uns dafür entscheiden, eine Situation von einer höheren Warte aus zu betrachten.

Es wird auch dadurch erreicht, dass wir anderen Menschen für ihre Fehler und Schwächen vergeben, die unseren eigenen verborgenen Selbstkonzepten entsprechen und die wir demnach über uns selbst glauben.

Wir wollen glauben, dass wir gut sind, in allem besser oder zumindest in einigen Dingen, die uns die Möglichkeit geben, besonders zu sein. Wir wollen besser sein als andere und den Konkurrenzkampf gewinnen, damit wir mehr geliebt werden oder mehr Geld oder Erfolg haben. Wenn wir diese Dinge nicht erreichen können, suchen wir andere Wege, um Besonderheit und Aufmerksamkeit zu bekommen. Wir entscheiden uns für die Opferrolle und für den dunklen Glanz, der mit ihr einhergeht. Doch wenn wir wollen, dass die Dinge sich zum Besseren wenden, wenn wir wollen, dass unser Leben und das Leben der Menschen, die wir lieben, sich zum Besseren wenden, wenn wir wollen, dass die Welt ein besserer Ort wird, sind wir aufgerufen, zu vergeben und darum zu bitten, dass unsere Vergebung durch die Gnade und die Wunder des HIMMELS überhöht werden möge. Es ist nicht GOTTES WILLE, dass wir leiden. Es ist nicht GOTTES WILLE, dass wir in der Hölle oder an einem anderen Ort gefangen sind. Uns wurde Vergebung geschenkt. Vergebung ist der Fluch des Egos, das sich auflöst, wenn seinem Angriff ein Ende gesetzt wird. Wir wollen uns daran erinnern, dass wir vom HIMMEL die Schlüssel erhalten haben, die uns befreien und über die Selbstgerechtigkeit und die Hoffnungslosigkeit des Egos hinausgelangen lassen, um einen besseren Weg zu finden.

27

Gleiches zieht Gleiches an

Wenn ich mir selbst vergeben und mich daran erinnert habe, WER ich bin, werde ich alles und jeden segnen, den ich sehe.

Ein Kurs in Wundern, Ü-I.52.2:5

Das ist das Gesetz der Anziehung. Woran wir denken, das ziehen wir an. Die negativen Dinge, die uns begegnen, sind Dinge, von denen wir glauben, dass wir sie nicht wollten, die wir aber dennoch in uns tragen, verschüttet im Unterbewusstsein oder im Unbewussten. Da wir nicht unmittelbar Zugang zu diesen Bereichen unseres Bewusstseins haben, ist uns nicht immer klar, was auf uns zukommt. Deshalb hat das, was wir in uns vergraben haben, häufig ein böses Erwachen zur Folge.

Es ist wichtig, dass wir die Verantwortung für das übernehmen, was in unserer Welt in Erscheinung tritt, weil es negative Muster zeigt, die tief in uns verborgen liegen und uns auf eine selbstzerstörerische Weise programmieren. Dabei spielt es keine Rolle, ob wir uns dieser Negativität bewusst sind oder nicht, weil sie in jedem Fall eine Wirkung auf uns hat. Jetzt ist ein guter Zeitpunkt, um sie zu betrachten, damit wir uns bewusst dafür entscheiden können, das, was in uns verborgen liegt, zu heilen, ehe ein negatives Ereignis geschieht. Wenn wir die Verantwortung dafür übernehmen, können wir es ändern. Wir glauben oft nicht, dass das auch für die „Fehler" unseres Partners gilt, aber unser Partner spiegelt uns die Anteile wider, die wir verleugnet haben. Diese Anteile sind im Unterbewusstsein oder sogar im Unbewussten verschüttet. Wenn wir sie aufspüren und integrieren, können wir auf eine neue Ebene der

Partnerschaft gelangen und ein neues Maß an Mühelosigkeit in unserer Beziehung finden.

Wir können bewusst wählen, mit welchen Inhalten wir unser Bewusstsein füllen wollen, damit wir positive Energie manifestieren, visualisieren und aussenden, um uns das zurückzubringen, was wir bewusst von der Welt wollen.

Gleiches geht aus Gleichem hervor. Jesus hat es so ausgedrückt: „An ihren Früchten werdet ihr sie erkennen." Das heißt aber auch, dass weder unser Körper noch die Welt von GOTT kommen können. Wir verbringen viel Zeit damit, GOTT den Zustand der Welt vorzuwerfen. Dabei ist GOTT ewig, und wir sitzen Zeit ab. Die Welt kommt von uns.

Auf der tiefsten Ebene haben wir eine Welt aus projizierter Schuld erschaffen und sie GOTT zur Last gelegt. Wir haben projiziert, dass GOTT uns aus dem Paradies vertrieben hat. Welche Art von GOTT würde so handeln? Wenn GOTT uns erklärt hätte, dass wir eine bestimmte Frucht im Paradies nicht essen können, dann hätten wir sie nicht essen können, und das wäre das Ende der Geschichte gewesen. Wir konnten nur träumen, so etwas getan zu haben. Wir konnten nur von Trennung träumen und davon, dass wir aus dem Paradies vertrieben wurden. Wenn es sich tatsächlich um das Paradies gehandelt hätte, hätten wir es jedoch nicht verlassen können und es auch nicht getan. Aufgrund unserer fehlgeleiteten Wünsche und der Phantasievorstellungen, die mit ihnen einhergehen, konnten wir nur träumen, dass wir es getan haben. Das EINSSEIN ist unsere höchste Wirklichkeit, und wir entwickeln uns allmählich zum Bewusstsein des Paradieses – zum HIMMEL auf Erden – zurück. Dies ist der letzte Schritt, bevor wir gemeinsam einmal mehr das EINSSEIN verwirklichen.

28

Wahrnehmung wird durch Projektion erzeugt

Das Grundgesetz der Wahrnehmung könnte daher folgendermaßen in Worte gefasst werden: »Du wirst dich freuen über das, was du siehst, weil du es siehst, um dich zu freuen.« Und solange du glaubst, Leiden und Sünde würden dir Freude bringen, so lange werden sie für dich zu sehen sein. Nichts ist, getrennt von deinen Wünschen, schädlich oder wohltätig. Es ist dein Wunsch, der es zu dem macht, was es in seiner Wirkung auf dich ist. Weil du es als ein Mittel wähltest, um ebendiese Wirkungen zu erzielen, von denen du glaubst, sie würden Freude und Frohlocken bringen.

Ein Kurs in Wundern, T-25.IV.2:1-5

Wir sehen das, was in unserem Bewusstsein ist. Wir sehen das, was wir verurteilt haben, weil wir es nicht in uns tragen wollen. Das Ego hat uns eingeredet, dass wir uns dieser Dinge entledigen können, wenn wir sie projizieren. Dann tut es so, als ob es uns durch Projektion davon befreien könne, während es in Wirklichkeit dafür sorgt, dass Schuld, Urteile und Glaubenssätze in uns lebendig bleiben. Obwohl sie verborgen sind, bestrafen wir uns für diese Dinge, und das ist der Grund dafür, dass Probleme und die Angriffe anderer Menschen uns scheinbar aus heiterem Himmel treffen. Sie sind eine Form von Selbstangriff. In *Ein Kurs in Wundern* heißt es, dass wir hier sind, um der Welt zu vergeben. Das führt dazu, dass wir uns selbst vergeben. Wenn wir zur Unschuld zurückkehren, wird die Welt zunächst wohlwollend, ehe sie beginnt, sich zu einen, und schließlich allmählich verschwindet. Dann tritt das Paradies einmal mehr in Erscheinung, die vollkommene Welt, die dem HIMMEL unmittelbar vorangeht.

Die Welt ist unser Zeuge. Sie zeigt uns unsere Gedanken. Wie wir denken, so nehmen wir wahr. Der äußere Inhalt rührt von unserem inneren Prozess her. Dies ist ausgesprochen hilfreich. Wir nehmen wahr, was uns zurückhält, indem wir erkennen, was wir an der Welt verurteilt haben. Die Welt ist unser Spiegel, und wir können den Spiegel reinigen, indem wir allen Groll und alle Urteile in unserem Geist loslassen.

29

Das Wesen der Gegenwart

> Die Gegenwart ist jetzt die einzige Zeit, die übrig bleibt. Hier in der Gegenwart wird die Welt befreit. Denn wenn du die Vergangenheit aufheben lässt und die Zukunft von deinen alten Ängsten befreist, findest du Entrinnen und schenkst es der Welt. Du hast die Welt versklavt mit allen deinen Ängsten, mit deinen Zweifeln, deinem Elend, deinem Schmerz und deinen Tränen, und all dein Kummer lastet auf ihr und macht sie weiter zur Gefangenen deiner Überzeugungen. Und überall trifft sie der Tod, weil du die bitteren Gedanken des Todes in deinem Geiste hältst.
>
> *Ein Kurs in Wundern*, Ü-I.132.3:1-5

Wir leben nicht in der Gegenwart. Wir leben in der Vergangenheit mit all ihren Geschichten, Bildern, Erfahrungen und Überzeugungen. Unser Ego besteht aus diesen Dingen und aus dem Schmerz und den Abwehrmechanismen, die damit einhergehen. Das Ego benutzt die Vergangenheit, um das, was geschieht, zu übertünchen, sodass wir die Gegenwart nicht sehen, sondern sie „durch einen Spiegel in einem dunklen Bild" wahrnehmen (Lutherbibel 1. Kor 13,12). Wir schauen auf die Gegenwart und sehen die Vergangenheit. Das hat zur Folge, dass wir die Gegenwart gar nicht sehen, sondern Menschen und Dinge nur so wahrnehmen, wie wir sie verurteilt haben – uns selbst eingeschlossen. Die vielen Schichten unserer Urteile verstärken Dunkelheit und Schmerz sowohl in unserem Leben als auch in der Welt. Wir bringen auf Geheiß des Egos die Vergangenheit nicht nur in die Gegenwart, sondern projizieren sie auch auf die Zukunft und sehen die Zukunft so, wie wir die Vergangenheit erfahren haben. Diese Sichtweise erzeugt Angst und engt unseren Horizont ein. Sie gibt uns nichts, worauf wir uns freuen könnten, da sie aus der Schuld und Dunkelheit der Vergangenheit heraus entstanden ist. Wir haben allem — wirklich allem – in der Gegenwart die Bedeutung zugewiesen, die es für uns hat. Das schließt nicht nur die Menschen in unserer Umgebung, sondern auch jeden Gegenstand ein. Wenn wir allen Menschen und Dingen vergeben, befreien wir sie von den dunklen Schlieren, die alles bedecken. Wenn wir hinreichend vergeben haben, sehen wir allmählich das Licht, das Menschen und Dinge erhellt. Wir erkennen, dass wir dem HIMMEL auf Erden und der Erneuerung nahekommen, die die Welt heilt. Das geschieht, wenn wir uns dem Hier und Jetzt annähern. Es ist die einzige Zeit, die es in Wirklichkeit gibt. Die lineare Zeit ist eine Erfindung, die dem Ego eine Dauerhaftigkeit geben soll, während die Gleichzeitigkeit der Wirklichkeit der Zeit viel eher entspricht. Vergebung und Heilung lassen unsere Schuld und unsere Ängste fortfallen. Unsere Zweifel, unser Selbstangriff und der Glaube an unsere Unzulänglichkeit lösen sich auf. Je mehr wir in der Gegenwart leben, umso mehr Gnade ist für uns verfügbar und umso stärker können wir die GÖTTLICHE GEGENWART erfahren.

Je mehr wir im Hier und Jetzt leben, umso mehr fallen die Verluste und die Opfersituationen fort, die wir erlitten und benutzt haben, um sie anderen Menschen anzulasten. Wir finden den Frieden und die Wahrheit, die uns der Ewigkeit nahebringen. *Jetzt* ist die Pforte zur Ewigkeit. *Jetzt* ist der Ort, an dem wir unser SELBST finden. *Jetzt* ist der Frieden, der Gesundheit, Fülle, Liebe und Glück willkommen heißt. Wir sind ein Gefangener dieser Welt, der seine Zeit im Todestrakt absitzt. Unsere Schuld und unser Glaube an Sünde haben uns verurteilt, während unsere Heilung uns aus dem Gefängnis befreit, das wir selbst errichtet haben. Wir leben in unseren Erinnerungen und in unseren Phantasievorstellungen von der Zukunft.

Wenn wir unsere rasenden Gedanken anhalten und zur Gegenwart zurückkehren würden, könnten wir die STIMME FÜR GOTT hören mit der Führung, den Wundern, der Gnade und der GÖTTLICHEN PRÄSENZ, die Glückseligkeit bringt. Es ist wichtig, dass wir die Heilung erlangen, die notwendig ist, um die Vergangenheit loszulassen. Jede Negativität, die wir noch in uns tragen, rührt von der Vergangenheit und der uralten Vergangenheit her. Wir sind hier, um uns von ihr zu befreien. Wir sind hier, um die Vergangenheit zu heilen und die

Gegenwart zu befreien. Anderenfalls wird unser Leben von den Mustern unserer unerlösten Vergangenheit bestimmt. Nur im Jetzt können wir erwachen und die Freude unserer ursprünglichen Identität als KIND GOTTES wiederfinden.

30

Heilung der Vergangenheit

> Lass uns den Zweck der Welt vergessen, den die Vergangenheit ihr gab. Sonst wird die Zukunft sein wie die Vergangenheit und nichts als eine Reihe depressiver Träume, in denen alle Götzen, einer nach dem anderen, dich im Stiche lassen und du überall Tod und Enttäuschung siehst.
>
> *Ein Kurs in Wundern*, T-29.VII.7:1-2

Aller Schmerz kommt aus der Vergangenheit. Dies bezeichnet man als Übertragung, die das zentrale Prinzip in der Psychiatrie war, bis sie durch „Grenzen" ersetzt wurde. Übertragung geschieht dort, wo wir das, was Fritz Perls in der Gestaltpsychologie als „unerledigte Geschäfte" bezeichnete, aus der Vergangenheit in das gegenwärtige Thema hineintragen. Als ich anfing, die Intuitive Methode einzusetzen, die ich entwickelt hatte, um zur Wurzel von Themen zurückzukehren, stieß ich ebenso auf das Prinzip, dass vergangener Schmerz gegenwärtige Probleme erzeugt, wie während meines Studiums der Hypnose. Auch Muriel Schiffman schildert es in ihrem 1975 veröffentlichten Buch *Self-Therapy*. Das von ihr beschriebene Konzept, Emotionen zu ihrem Ursprung zurückzuverfolgen, war für meine eigene Heilung und für meine Entwicklung als Therapeut äußerst hilfreich. Später habe ich es dann auch in *Ein Kurs in Wundern* entdeckt.

Dieses Prinzip ist außerordentlich heilsam, weil es Menschen hilft, zur Wurzel des Problems zurückzukehren, um es zu überwinden. Die Ursache deines Leidens kommt aus der Vergangenheit. Ein Ereignis in der Gegenwart hat es zu neuem Leben erweckt. Die Gegenwart kann erst dann vollständig geklärt werden, wenn du die Ursprungssituation geheilt hast. Ich habe Probleme, vor denen erwachsene Menschen standen, bis in ihre Jugend und Kindheit, den entsprechenden Monat ihrer Zeit im Mutterleib und weiter bis zu Ahnenmustern und Mustern aus vergangenen Leben zurückverfolgt. Danach ging es weiter zurück bis zum kollektiven Bewusstsein der Menschheit und hin zu den Themen, die mit den tief im Unbewussten verborgenen dunklen übernatürlichen oder astralen Energien zu tun haben. Zuletzt kamen wir beim Fall aus dem Zustand der Gnade an, bei dem wir erstmals das Reich der Zeit, der Veränderung und des Traums betreten haben.

Immer wenn ein Problem auftritt oder ein Trauma geschieht, kannst du dich fragen, wo es begonnen hat. Du kannst zu diesem Ort – und von dort weiter zu dem Ort, der ihn zum Leben erweckt hat – zurückkehren, um die Verbundenheit wiederherzustellen, indem du vergibst und deine Gaben in die Situation einbringst. Wenn wir die Wurzel des Problems heilen, wird das gesamte Muster geheilt. Es kann nicht länger die dunkle Frucht scheinbar neuer, aus derselben Wurzel erwachsener Probleme in die Gegenwart hineintragen.

31

Unsere Heilung ist niemals abgeschlossen

> Wenn Krankheit Trennung ist, ist die Entscheidung, zu heilen und geheilt zu werden, der erste Schritt zur Einsicht in das, was du wahrhaft willst. Jeder Angriff ist ein Schritt, der davon wegführt, jeder Heilungsgedanke bringt es näher.
>
> *Ein Kurs in Wundern*, T-11.II.1:1-2

Dieses Kapitel wendet sich an alle Leser, ist vor allem aber für fortgeschrittene Schüler von Belang. Es ist wichtig zu wissen, dass unsere Heilung niemals abgeschlossen sein wird, damit wir nicht den Mut verlieren, sondern diese Tatsache als selbstverständlich betrachten. Ich habe im Laufe der Jahre viele Menschen sagen gehört, dass sie an so vielen Workshops teilgenommen haben, so viele Bücher gelesen haben oder schon so lange einen spirituellen Weg gehen. Sie sagen es, als seien sie ihrer Meinung nach schon so weit fortgeschritten, dass es für sie nichts mehr zu lernen gibt. Sie erkennen nicht, wie groß der Widerstand ist, den sie in diesem Augenblick ausstrahlen. Für sie geht es an diesem Punkt ausschließlich darum, diesen Widerstand zu heilen und den nächsten Schritt zu gehen. Das Ego benutzt alle Probleme, Konflikte und Emotionen, um uns aufzuhalten oder abzulenken und damit seinen eigenen Fortbestand zu sichern. Das bedeutet, dass es für diese Menschen irgendwann unweigerlich zu einem bösen Erwachen kommt, das sie aufgrund ihrer Selbstgefälligkeit vollkommen unvorbereitet treffen wird. Sollten sie jemals wieder an einem Workshop teilnehmen, werden sie feststellen, dass es noch sehr viel mehr Dinge gibt, die der Heilung bedürfen.

Ich arbeite seit über sechsundvierzig Jahren in einem Heilberuf, und obwohl ich meist in einem Zustand des Friedens und der Zentriertheit bin, durchlebe auch ich manchmal Gefühle des Ärgers oder stehe vor Problemen und Lektionen, die es zu lernen gilt. Ich weiß, dass alle Menschen noch sehr viel zu heilen und zu lernen haben, angefangen bei mir selbst. Es kommen regelmäßig neue Dinge hinzu, die gelernt werden müssen. Manche dieser Dinge bewältige ich mühelos, während ich mit anderen zu kämpfen habe und nach dem Schlüssel suche, der es mir ermöglicht, mich aus der ihnen zugrundeliegenden Falle zu befreien. Es scheint, dass ich genau das fast mein ganzes Leben lang getan habe. Trotzdem bin ich ebenso bekümmert wie andere Menschen, wenn etwas in mir hochkommt, für das ich noch keinen Ausweg gefunden habe. Ich kenne Menschen, die ihrer persönlichen Entwicklung ein hohes Maß an Aufmerksamkeit gewidmet haben und am Ende dennoch vor Problemen stehen, die den größten Teil ihres jetzigen Lebens oder sogar bereits viele vergangene Leben lang in ihnen geschlummert haben. Ahnenthemen, die seit vielen Generationen in der Familie vorhanden sind, können Schicht um Schicht in uns hochkommen, während wir versuchen, uns von ihnen zu befreien.

Gehe also sanft, großzügig und mitfühlend mit dir selbst um, denn das hat zur Folge, dass du andere Menschen ebenso behandelst. Es gibt unendlich viel zu entdecken und unendlich viel zu heilen. Wenn du auf die Welt schaust, kannst du sehen, wie hoch das Maß an Heilung ist, das es noch zu erlangen gilt.

> Denn geheilt sein heißt, ein einziges Ziel zu verfolgen, weil du nur eines akzeptiert hast und nur eines willst.
>
> *Ein Kurs in Wundern*, T-12.VII.7:11

Wir leben in einer Zeit großer Chancen, in der sich die Evolution des Bewusstseins in hohem Maße beschleunigt hat. Wir können diese Tatsache nutzen, um Dinge zu lernen, für die wir anderenfalls viele Jahre, Jahrzehnte oder sogar mehrere Leben lang brauchen würden. Wir können uns und der Erde viel Zeit sparen, während wir an unserer Heilung arbeiten und anderen Menschen helfen, ebenfalls Heilung zu erlangen.

32

Schmerz ist eine falsche Wahrnehmung

> Schmerz ist eine falsche Perspektive. Wenn er in irgendeiner Form erfahren wird, ist er ein Beweis für Selbstbetrug. Er ist überhaupt keine Tatsache. Es gibt keine Form, die er annimmt, die nicht verschwindet, wenn er richtig gesehen wird.
>
> *Ein Kurs in Wundern*, Ü-I.190.1:1-4

Wenn meine Klienten am Naval Drug Rehabilitation Center, an dem ich Anfang bis Mitte der siebziger Jahre als noch relativ junger Therapeut arbeitete, mir von einem Trauma berichteten, das sie erlitten hatten, suchte ich instinktiv nach dem Missverständnis, das der Situation zugrunde lag. Ich erklärte ihnen, dass das Handeln eines anderen Menschen von seinen eigenen Gefühlen bestimmt wurde. Es war nicht gegen sie persönlich gerichtet, sondern hatte vielmehr mit dem zu tun, was der betreffende Mensch gerade durchmachte. Wenn meine Klienten erkannten, dass das Handeln jedes an einer Situation beteiligten Menschen von seinen eigenen Gefühlen abhängig war, gelangten sie zu einem neuen Verständnis dessen, was tatsächlich vor sich ging. Sobald sie dieses neue Verständnis erlangten, war Vergebung entweder nicht mehr notwendig oder bereits geschehen.

Ein Kurs in Wundern stellt fest, dass alle Heilung eine Heilung der Wahrnehmung ist. Wie wir Dinge sehen, ist unsere Entscheidung. Deshalb heißt es im *Kurs* auch, dass die Wahrnehmung eine Wahl ist, keine Tatsache. Wenn die

Seeleute, mit denen ich arbeitete, zu einem neuen, grundlegenden Verständnis gelangten, das bestimmte Situationen in ihrem Leben auf eine umfassendere und wahrhaftigere Weise erklärte, gelangten sie ebenso rasch zu einer neuen, besseren Wahrnehmung, die alle an der Situation beteiligten Menschen als unschuldig sah. Manchmal bat ich meine Klienten auch darum, eine Situation vor ihrem geistigen Auge mehrere Male umzuschreiben, bis sie damit in Frieden waren. Was einmal ein Trauma gewesen war, verwandelte sich so in eine glückliche Szene. Selbstsabotierende Muster, die sie bisher in sich getragen hatten, wurden aufgelöst. Manche, die besonders realistisch waren, weigerten sich, etwas an der Szene zu verändern, aber mit jeder Neufassung veränderten sie dennoch ihre Emotionen. Dies war meine erste Eingebung dahingehend, Traumen durch Neuprogrammierung der selbstsabotierenden Muster zu heilen, die posttraumatischen Belastungsstörungen zugrunde liegen und deshalb die Wurzel so vieler anderer Probleme sind. Verstehen und Vergebung tragen dazu bei, unsere Wahrnehmung eines Ereignisses zu transformieren. Das hilft uns, den Ort zu finden, an dem wir unser heimliches Einverständnis ebenso verleugnet haben wie die Tatsache, dass wir uns aus einem falsch verstandenen Ziel heraus für das Ereignis entschieden haben. Die Erkenntnis, wo wir fehlwahrgenommen haben, hilft uns, den Kampf mit anderen Menschen, mit unserem Partner, mit unseren Eltern und mit GOTT aufzugeben.

33

Heilung in Schichten

Die Welt von Schmerz zu befreien ist dir anvertraut.
                                        Ein Kurs in Wundern, Ü-I.166.14:6

Wenn wir ein Trauma oder einen Herzensbruch heilen, ist der erste Schritt der Heilung stets am wichtigsten. Er nimmt uns aus dem zerstörerischen Muster von Herzensbruch, Rache und Schuld heraus, das Angriff und Selbstangriff nach sich zieht. Es ist jedoch nicht ungewöhnlich, dass bei jedem Entwicklungsschritt, den wir vollziehen, eine weitere Schicht desselben Themas zur Oberfläche aufsteigt und ein neues Maß an Schmerz, mangelndem Selbstwert und Bedeutungslosigkeit mit sich bringt. Unsere größten Traumen gleichen Goldminen, in denen wir immer wieder neue Goldadern entdecken, die wir fördern können, um Freiheit und Ganzheit zu erlangen, auch wenn die Verwandlung eines Komposthaufens in einen Garten in diesem Zusammenhang vielleicht die passendere Entsprechung ist.

Wenn du weißt, dass ein Trauma aus vielen Schichten besteht, bist du nicht überrascht, enttäuscht oder verstimmt und glaubst, du habest keine Fortschritte erzielt, nur weil ein und derselbe Herzensbruch immer wieder zu dir zurückkehrt. Du erkennst den Unterschied daran, dass jede Schicht einen anderen Blickwinkel hat oder das Problem geringfügig anders gelagert ist. Wenn du immer wieder vor der gleichen Situation stehst, hast du den ersten wichtigen Schritt in deinem Heilungsprozess möglicherweise niemals vollzogen, oder du benutzt das Ereignis, um eine heimliche Belohnung zu erlangen, die beispielsweise in Besonderheit, Rache, Aufmerksamkeit oder Konkurrenz, einem

Wutausbruch oder einem Angriff auf GOTT bestehen kann. Wenn es sich um ein neues Entwicklungsstadium handelt, greift das Ego dich an, indem es dir erklärt, dass du keinen einzigen Schritt vorangekommen bist. Wenn du keinen einzigen Schritt vorangekommen bist, erklärt das Ego dir, dass die Situation hoffnungslos und Heilung nicht möglich ist. Dann behauptet es, dass Verzweiflung die einzig normale Antwort ist. Das ist natürlich weit von der Wahrheit entfernt. Es gibt viele sowohl psychologische als auch spirituelle Möglichkeiten der Heilung. Heilung ist tatsächlich leicht zu erlangen. Es ist nur so, dass es so viele Schichten gibt, die geheilt werden müssen.

34

Wir führen es herbei, verstärken es und halten es dann für wirklich

> Du machst das, wogegen du dich verteidigst, und durch deine eigene Abwehr dagegen wird es wirklich und unentrinnbar. Leg deine Waffen nieder, denn erst dann nimmst du wahr, dass es falsch ist.
>
> *Ein Kurs in Wundern*, Ü-I.170.2:6-7

Hier geht es darum, dass wir unsere eigene Wirklichkeit erschaffen und sie anschließend verstärken, indem wir sie verurteilen, gegen sie kämpfen und versuchen, uns gegen sie zu verteidigen. Alles, was wir bekämpfen oder abwehren, verstärken wir. Alles, was wir bekämpfen, halten wir für wirklich. Wir schenken ihm Glauben. Es ist ein grundlegendes Prinzip der Psychologie, dass wir alles verstärken, worauf wir unsere Aufmerksamkeit richten. Kampf und Abwehr richten ein hohes Maß an Aufmerksamkeit auf die Negativität, die wir ursprünglich selbst erzeugt haben. Wenn wir uns gegen eine Illusion verteidigen, machen wir sie wirklich. Wenn wir gegen sie kämpfen, investieren wir unseren Glauben in sie und verleihen ihr damit ein noch höheres Maß an Wirklichkeit. Wir verurteilen sie und machen uns selbst glauben, dass wir gegen sie kämpfen müssen. Das macht sie zu einem Teufelskreis, der „wirklich und unentrinnbar" zu sein scheint.

Wir können nur schwer der Versuchung widerstehen, gegen etwas zu kämpfen, das uns unserer Meinung nach zu Unrecht verletzt. Wir fühlen uns als Opfer, haben die Situation aber aus einem bestimmten Grund herbeigeführt.

Deshalb ist es wichtig, zu dem Zweck zurückzukehren, dem das Ereignis für uns dient. Wenn wir herausfinden, wofür wir es benutzen und in welcher Form es uns dient, können wir eine neue Entscheidung treffen. Wenn wir gegen das kämpfen, was geschieht, verwandeln wir es in ein Gefängnis, von dem wir vergessen, dass wir es selbst errichtet haben, und deshalb halten wir es für wirklich und glauben, dass es keinen Ausweg daraus gibt. Es ist weder GOTTES WILLE noch unser eigener wahrer Wille, dass wir in unserer Entwicklung gehemmt und an unserer Reise zurück zur Erkenntnis unserer Ganzheit gehindert werden. Es ist der Wille unseres Egos, das sich selbst am Leben erhalten und seine Macht stärken will. Es will die bestehende Situation aufrechterhalten. Es flößt uns Angst vor dem nächsten Schritt ein, weil der nächste Schritt *es* bedroht.

Wenn es den Anschein hat, dass wir in einer Situation keinen Schritt von der Stelle kommen, können wir den NAMEN GOTTES wie eine Formel der Heilung als Mantra oder als Wort der Kraft einsetzen. Wir sprechen ihn immer wieder in die scheinbare Wirklichkeit hinein und beobachten, wie sie sich allmählich verändert. Wir sagen: „GOTT." Das stellt die Wirklichkeit wieder her: GOTT ist. Der Rest ist Illusion. Wir sind ein Teil GOTTES. Wir haben es vergessen, aber in unserer Erinnerung liegt unsere Freiheit. Wenn du den NAMEN GOTTES oft genug wiederholst, wird dir der Frieden wiedergegeben, von dem alle guten Dinge kommen. Wenn du schließlich in Frieden bist, bist du frei. Es ist nicht dein wahrer Wille, dass du gefangen bist, sodass du einen Weg finden wirst, wenn du es wirklich willst. Wo ein Wille ist, dort ist auch ein Weg. Wenn du nicht weiterkommst, kannst du dir auch immer wieder die Frage stellen: „Was will ich?" Das gibt dir die Möglichkeit, eine bewusste Entscheidung zu treffen. Es fügt das gespaltene Bewusstsein wieder zusammen: den bewussten Anteil und den verborgenen Anteil, der das Problem erzeugt hat, in dem du dich gefangen fühlst.

Angst bedeutet, dass du an einem Ort gefangen bist, an dem du allein zu sein glaubst. Sie bedeutet, dass du vergessen hast, WER mit dir geht. Du hast versucht, dein Leben aus eigener Kraft zu leben. Das ist niemals wahr. Es verleugnet die Partnerschaft, und es verleugnet die Gnade. Der HIMMEL hat dich nicht vergessen. Du hast den HIMMEL vergessen. Du kannst eine neue Entscheidung treffen. Du kannst dich für das Glück entscheiden und zulassen, dass dir Hilfe zuteilwird.

35

Was ich tue

Alles, was ich tue, tue ich mir selbst an. Wenn ich angreife, leide ich. Wenn ich jedoch vergebe, wird die Erlösung mir zuteil.
Ein Kurs in Wundern, Ü-I.216.1:2-4

Alles, was uns widerfahren ist, haben wir zuerst getan. Die Angriffe, die wir geführt haben, sind als Angriffe auf uns selbst zu uns zurückgekehrt und haben uns zum Opfer gemacht. Unsere Gedanken sind Dinge, die eine Wirkung auf uns selbst und auf die Menschen in unserer Umgebung haben. Unsere Opfersituation ist von einem ausgesprochen hohen Maß an Verleugnung und Abwehr umgeben. Immer wenn wir diese Abwehrmechanismen mithilfe unserer Intuition überschreiten, erlangen wir jedoch ein so tiefes Maß an Frieden, dass wir über unsere Verleugnung und Dissoziation hinaus auf die innere Wahrheit schauen können. Hier ist jeder verantwortlich, und jeder ist unschuldig. Wenn du noch nicht an diesem Ort angekommen bist, gibt es noch mehr in Bezug darauf zu entdecken, was bei einem Ereignis tatsächlich geschehen ist. Wenn du zuerst vergibst, wird den Menschen, denen du vergibst, nicht nur Vergebung, sondern auch Erlösung geschenkt, und beides wird auch dir zuteil.

Wenn du Segen aussendest, empfängst du Segen. Wenn du urteilst, leidest du. Du hast die Wahl. Um zu wissen, was du aussendest, kannst du dir anschauen, wie dein Leben bisher verlaufen ist und wie es aktuell verläuft.

36

Die Auswirkungen der Verurteilung

Nur meine Verurteilung verletzt mich. Nur meine eigene Vergebung macht mich frei. Vergiss heute nicht, dass es keine Form von Leiden geben kann, die nicht einen unversöhnlichen Gedanken verstecken würde. Noch kann es eine Form von Schmerz geben, die die Vergebung nicht heilen kann.
Ein Kurs in Wundern, Ü-I.198.9:3-6

Ein Urteil ist ein Werkzeug des Egos, das es benutzt, um seine Macht auszubauen, aber wir zahlen den Preis für die Identität, die es uns gibt. Es benutzt gleichsam unser Geld, um ein Haus für sich selbst zu errichten. Dann macht es uns glauben, dass es weit und breit kein besseres Haus gibt, und fordert uns auf, gemeinsam mit ihm dort einzuziehen. Anschließend redet es uns ein, dass wir in Wirklichkeit das Haus sind und nicht derjenige, der darin wohnt. Doch das Fundament des Hauses birgt zahlreiche Skelette. Es sind unsere eigenen sterblichen Überreste aus unterschiedlichen Zeiten unseres Lebens. Das Ego mahnt uns eindringlich, das Haus um jeden Preis zu verteidigen und seinen Ruf vor jeder Beleidigung zu schützen. Solange wir in dem Haus leben, das unser Ego für sich selbst gebaut hat, zahlen wir also die Hypothek, die Steuern und die Unterhaltungskosten, weil wir die Villa, die unser VATER für uns errichtet hat, völlig vergessen haben. Wir haben sie verlassen, um das Abenteuer der Trennung zu erleben und nach der Besonderheit zu suchen, die im EINSSEIN unmöglich ist. Möglich sind im HIMMEL dagegen die Liebe und die überwältigende Freude, die im EINSSEIN geteilt werden.

Besonderheit bedeutet Konkurrenz. Das Ego bringt uns dazu, in Konkurrenz zu anderen Menschen zu treten. Es benutzt ein Urteil als Werkzeug, um sich in einem Konkurrenzkampf über andere Menschen zu erheben. Es glaubt, dass andere Menschen unter ihm stehen, und dieses Urteil hat Rückwirkungen. Das Streben nach Überlegenheit bringt uns einen Teufelskreis aus Überlegenheit und Unterlegenheit ein. Die Selbstgerechtigkeit unseres Urteils setzt den Teufelskreis aus Recht und Unrecht in Gang, der gleichbedeutend damit ist, dass wir der Schuld niemals entrinnen können, auch wenn wir versuchen, sie mithilfe unseres Urteils auf andere Menschen zu projizieren. Unser Verlangen danach, gegen andere Menschen zu gewinnen, bindet uns an den Teufelskreis aus Gewinnen und Verlieren. Das Streben nach Erfolg auf Kosten anderer Menschen bringt uns stattdessen den Teufelskreis aus Erfolg und Misserfolg ein. Das Streben danach, Teil einer exklusiven Elite zu sein, hat uns den Teufelskreis aus Exklusivität und Einsamkeit eingebracht.

Sobald wir urteilen, wird der Fluss unterbrochen. Unser Urteil gibt uns Recht, und das führt dazu, dass wir uns aufopfern. Inspiration und Gnade werden abgeschnitten und gehen verloren. Unser Urteil beschert uns viele Aufgaben, die nicht unsere Aufgaben sind. Es sorgt dafür, dass wir mit dem Menschen verschmelzen, über den wir geurteilt haben. Das hat zur Folge, dass wir unsere Grenzen verlieren. Wir sind einerseits in Aufopferung und andererseits in Unabhängigkeit gefangen, statt uns auf einer neuen Ebene partnerschaftlich zu verbinden. Aufopferung und Verschmelzung machen uns ineffektiv. Wir können weder uns selbst noch dem Menschen helfen, über den wir geurteilt haben, und ebenso wenig können wir einen Beitrag zur Klärung der Situation leisten.

Hilfsbereitschaft und Vergebung sind gesunde Alternativen. Sie führen zu Frieden, Freiheit und positiver Veränderung. Sie räumen die Emotionen aus dem Weg, die uns im Leiden festhalten. Vergebung macht Gegner zu Verbündeten. Sie geht den nächsten Schritt, statt in Co-Abhängigkeit stecken zu bleiben. Sie bringt Frieden. Sie macht die Welt zu einem besseren Ort und bringt nicht nur uns und dem Menschen, den wir verurteilt haben, sondern auch anderen Menschen Heilung und Ganzheit. Sie gibt uns einen Vorgeschmack auf den HIMMEL und erlaubt uns einen flüchtigen Blick auf GOTT. Verurteilung stärkt die Illusion des Egos, während Vergebung uns hilft, uns auf GOTT zu besinnen, und dem HIMMEL auf Erden einen Schritt näher ist.

Vergebung ist keine Herablassung, die moralischer oder spiritueller Überlegenheit entspringt. Sie ist im Grunde genommen eine Entschuldigung dafür, dass wir einem anderen Menschen die Vergehen zur Last gelegt haben, die wir selbst begangen zu haben glaubten. Vergebung ist der Weg, der uns nach Hause bringt, während ein Urteil die Wurzel allen Leidens und der Weg ist, der direkt in die Hölle führt. Nun ist es an der Zeit, dich zu entscheiden, ob du Verurteilung oder Vergebung willst. *Ein Kurs in Wundern* bietet eine wunderbare Form der Vergebung an: „Ich will mich nicht dafür verurteilen." Was willst du?

37

Rückkehr zur Wahrnehmung

Jeden Tag, jede Stunde, jeden Augenblick wähle ich, worauf ich schauen will, die Geräusche, die ich hören will, und die Zeugen dessen, wovon ich möchte, dass es die Wahrheit für mich sei.

Ein Kurs in Wundern, Ü-II.271.1:1

Dies ist das Wesen der Wahrnehmung. Sie rührt von unserer Wahl her, und unsere Wahl zeugt von dem, was wir sehen und hören wollen. Alles, was wir wählen, ist Zeuge dessen, wovon wir wollen, dass es die Wahrheit sein soll. Wir beweisen unaufhörlich das, wovon wir wollen, dass es die Wahrheit sein soll. Wir beweisen unaufhörlich, dass wir Recht haben, und das führt dazu, dass wir in eine Endlosschleife und in einen Teufelskreis geraten. Was wir sehen, zeigt, was wir glauben und was wir glauben wollen. Alles, was wir sehen und hören, benutzen wir für unsere eigenen Zwecke. Wir setzen andere Menschen und nicht uns selbst ins Unrecht. Aufgrund der Tatsache, dass unsere Wahrnehmung unseren Wünschen folgt, haben wir alle Ausreden, die wir brauchen, um tun zu können, was wir wollen. Wir sprechen uns selbst frei, ehe wir etwas tun, und führen als Grund die Dinge an, die uns in der Vergangenheit widerfahren sind. Wenn wir auf unser Leben zurückblicken und dieses Prinzip als Maßstab benutzen, können wir es mit neuen Augen betrachten. Wir wählen unsere Erfahrung. Sie ist das, was unserem Wunsch nach geschehen sollte. Wir glaubten, eine Rechtfertigung für die Dinge zu brauchen, die wir zugelassen haben, und unsere Wahrnehmung hat uns genau das geliefert, was wir brauchten, um sie geschehen zu lassen. Dennoch haben wir einen hohen Preis des Leidens für das bezahlt, was uns widerfahren ist – für das, was wir willkommen geheißen haben.

Wenn wir uns dafür entscheiden, Verantwortung für unsere Fehler zu übernehmen, können wir uns selbst für unsere irrigen Entscheidungen vergeben, und es fällt uns leichter, auch anderen Menschen zu vergeben. Wenn wir vergeben, klären wir die Schatten, die wir auf andere Menschen projiziert haben. Wir können eine neue Entscheidung treffen. Wir können uns für eine Situation entscheiden, in der alle daran beteiligten Menschen gewinnen. Wir können uns dafür entscheiden, diese Szene neu zu schreiben, damit alle erfolgreich sein und sich von ihrer besten Seite zeigen können. Wir können die Liebe, die GÖTTLICHE LIEBE und die GÖTTLICHE PRÄSENZ bitten, sich in der Situation einzufinden, damit die Selbstliebe, die mit der GÖTTLICHEN PRÄSENZ einhergeht, die besten Seiten aller zum Vorschein bringt.

Die Erkenntnis, dass wir uns für unsere Wirklichkeit ebenso entscheiden wie für alles, was wir sehen und hören, und alles, was uns widerfährt, haben wir in einigen der tiefsten Bereiche des Unbewussten verborgen. Wir glauben, dass die Welt außerhalb von uns ist und nicht durch uns berührt wird. Doch dem ist nicht so. Heilung kann auf den tiefsten Ebenen geschehen, wenn wir diese Erkenntnis nutzen. Wir können neue und bessere Entscheidungen treffen in Bezug auf uns selbst und auf das, was wir wollen. Wir können erkennen, dass es keine neutralen Gedanken gibt und dass wir für das verantwortlich sind, was wir denken. Gedanken sind nicht zufällig. Sie sind eine Wahl, die wir treffen. Unsere Glaubenssätze, bei denen es sich ausnahmslos um Glaubenssätze über uns selbst handelt, sind statische Entscheidungen, die ständig in uns aktiv sind. Dinge widerfahren uns also nicht einfach. *Wir* haben uns für sie entschieden, und sie werden *durch uns* gesteuert.

Es ist wichtig, dass wir auf unsere Gedanken achten und das loslassen, was wir nicht wollen. Es ist ebenso wichtig, dass wir die Selbstkonzepte aufspüren, die unsere Muster in Gang setzen, und auch sie loslassen. Alles, was uns in Wirklichkeit zurückhält, sind unsere eigenen Glaubenssätze und Entscheidungen. Was sich uns entgegenstellt, sind in Wirklichkeit unsere eigenen Anteile, die wir verurteilt und zurückgewiesen haben. Wir haben sie abgespalten und vergraben, aber wir brauchen Vergebung und Integration, um diese Anteile zurückzugewinnen und neue Ganzheit zu erlangen. Deshalb ist eine heilende Einstellung wichtig. Wir sollten alle Menschen als schuldlos betrachten, weil sie uns stets genau die Anteile zeigen, die wir brauchen, um Heilung und Ganzheit zu erlangen.

38

Das Hier und Jetzt

Alle Heilung ist eine Befreiung von der Vergangenheit.
Ein Kurs in Wundern, T-13.VIII.1:1

Deine Vergangenheit wurde im Ärger gemacht, und wenn du sie verwendest, um die Gegenwart anzugreifen, wirst du die Freiheit nicht sehen, die die Gegenwart in sich birgt.
Ein Kurs in Wundern, T-13.VI.5:7

Und die Gegenwart dehnt sich ewig aus. Sie ist so schön und rein und frei von Schuld, dass dort nichts als Glück ist. Es gibt keine Erinnerung an Dunkelheit, und Unsterblichkeit und Freude sind jetzt.
Ein Kurs in Wundern, T-15.I.8.5-7

Bei der Betrachtung eines Problems oder eines Traumas müssen wir uns zwei wichtige Fragen stellen. Die erste Frage lautet: „Warum geschieht es hier?" Die zweite Frage lautet: „Warum geschieht es jetzt?" Die Glaubenssätze, die das Problem oder Trauma herbeigeführt haben, waren bereits präsent, ehe das Ereignis tatsächlich geschehen ist. Worin bestand die Angst vor dem nächsten Schritt, mit dem du nicht umzugehen können glaubtest? Ein solches Trauma stellt für das Ego eine wunderbare Ausrede dar, nicht in Erscheinung treten zu müssen. Worin bestand die Gabe, die anzunehmen du dich gefürchtet hast, und warum glaubtest du, nicht damit umgehen zu können? Die Gabe ist oftmals genau das Gegenteil dessen, was das Problem verursacht hat. Wenn jemand beispielsweise ein sexuelles Trauma erlitten hat, dann trägt er häufig eine sexuelle Gabe in sich und ist hier, um zur sexuellen Heilung der Welt beizutragen.

Du kannst dich fragen, welcher innere und äußere Druck dazu geführt haben kann, dass ein solches Ereignis jetzt geschehen ist. Welche Anhaftung glaubtest du zu verlieren, wenn du den nächsten Schritt gehst? Womit glaubtest du aus Unzulänglichkeit nicht umgehen zu können? Welchen Aspekt deiner Ego-Identität glaubtest du zu verlieren, wenn du den nächsten Schritt gehst? Worin bestand deine Angst vor Veränderung? Vor welcher Veränderung hast du dich gefürchtet? Womit glaubtest du nicht umgehen zu können, sodass du die Dinge so belassen wolltest, wie sie waren, selbst wenn du leiden musstest, um die bestehende Situation aufrechtzuerhalten? Inwiefern ist die Tatsache, dass du aufgehalten oder zum Opfer gemacht wurdest, Teil deiner Rebellion gegen GOTT? Was, fürchtest du, würde GOTT von dir fordern?

Die Vergangenheit ist vorbei. Sie existiert nicht mehr. Sie kann nur dann weiter existieren, wenn wir sie zu einem bestimmten Zweck benutzen. Alle Muster aus der Vergangenheit, die zu dem Problem oder dem Trauma geführt haben, das du erlitten hast, existieren nur zu dem Zweck, zu dem du sie benutzt. Du kannst deine vergangenen und aktuellen Probleme nun überprüfen, um herauszufinden, wofür du sie benutzt, damit du das loslassen kannst, was unwahr ist.

39

Niemand kann leiden

Niemand kann leiden, wenn er sich nicht als angegriffen sieht und als Verlierer durch den Angriff.

Ein Kurs in Wundern, T-28.VI.4:5

Dies ist ein weiterer wichtiger Aspekt der Opferrolle. Es ist der Glaube, dass wir angegriffen wurden. Um wahrzunehmen, dass wir angegriffen werden und dass wir durch den Angriff verlieren, müssen wir auch glauben, dass wir angegriffen haben und dass unser Angriff eine Wirkung auf einen anderen Menschen hatte. Wir müssen außerdem glauben, dass wir durch unseren Angriff gewonnen haben. Dann können wir das, was der andere uns angetan hat, als Angriff deuten, obwohl sein Handeln sich fast immer als ein Fehler erweist, wenn wir es auf ihn persönlich beziehen. Wir müssen an Angriff glauben, ohne zu erkennen, dass Angriff immer auch Selbstangriff beinhaltet, weil Angriff und Selbstangriff nicht voneinander getrennt werden können. In *Ein Kurs in Wundern* heißt es, dass Angriff nicht vereinzelt ist. Wenn du dich selbst oder einen anderen Menschen angreifst, werden alle getroffen. Aggression erzeugt Schuld, und Schuld erzeugt Selbstbestrafung. Wenn wir uns selbst angreifen, greifen wir auch andere Menschen an, denn wenn wir uns als schuldig betrachten, wollen wir andere Menschen, die wir ebenfalls als schuldig wahrnehmen, in ähnlicher Weise bestrafen wie uns selbst.

Das Ego erklärt uns immer wieder, dass wir verhindern können, angegriffen zu werden, indem wir selbst angreifen. Sein Friedensplan ist ein heimlicher Kriegsplan. Es strebt nach Beherrschung. Unser Angriff auf einen anderen

Menschen führt natürlich fast immer dazu, dass wir unsererseits angegriffen werden, und erzeugt Verwicklungen, die das Ego beabsichtigt. Ein Element unserer Selbstwahrnehmung als „Verlierer durch den Angriff", das wir höchstwahrscheinlich nicht bewusst zur Kenntnis genommen haben, ist die Tatsache, dass wir uns in einem Konkurrenzkampf befunden haben. Wir wollten gewinnen und haben danach getrachtet, einen anderen Menschen zu beherrschen. Gewinnen birgt jedoch immer einen Teufelskreis aus Gewinnen und Verlieren in sich, ebenso wie Beherrschung einen Teufelskreis aus Beherrschung und Unterwerfung in Gang setzt. Alle diese Dinge untermauern das Prinzip, dass wir, wenn wir leiden, in unserer eigenen Wahrnehmung angegriffen wurden und uns infolge des Angriffs verloren gefühlt haben.

Eine Möglichkeit, diese Betrachtungsweise zu verändern, besteht darin, dir vorzustellen, dass du in den Menschen hineinschauen kannst, der dich deiner Meinung nach zum Opfer gemacht hat. Menschen handeln so, wie sie sich fühlen. Welche Gefühle hatte der betreffende Mensch in Bezug auf sich selbst, sein Leben, die Situation und dich? Was wollte er durch sein Verhalten bekommen? Alles, was er braucht, trägst du als Gabe in dir, um ihm zu helfen und ihn zu heilen. Stelle dir vor, dass du den Korridor deines Geistes entlanggehst. Hinter den zahllosen Türen, die von ihm abgehen, liegen Gaben verborgen, die in Form von Potenzialen auf dich warten. Öffne die leuchtende Tür und empfange die Gabe. Biete sie dann dem HIMMEL dar, damit er sie segnen, vervielfältigen und mit Gnade und Wundern überhöhen möge. Teile sie anschließend mit dem betreffenden Menschen, ehe der Angriff oder das Opferereignis geschieht, und nimm wahr, wie die Situation sich entwickelt.

Es gibt noch eine andere Möglichkeit, eine Situation zu deuten. Bitte zunächst CHRISTUS, Kuan Yin oder eine andere Persönlichkeit, mit der du dich verbunden fühlst, sich in der Situation einzufinden. Bitte sie dann, in dich hineinzukommen, um die Situation durch deine Augen zu betrachten. Das bewirkt, dass du sie durch die Augen des Verstehens, des Mitgefühls und der Barmherzigkeit siehst. Wenn du durch die Augen CHRISTI oder Kuan Yins schaust, erkennst du, dass der betreffende Mensch um Hilfe und Liebe bittet, sodass du dich nicht durch seine Hand selbst verletzt, denn das würde die Schuld aller an der Situation beteiligten Menschen nur weiter vergrößern. Es gibt weit wirkungsvollere Möglichkeiten, einem anderen Menschen zu helfen, als zu verlieren. Verlieren ist eine Form von Aufopferung. Es zeugt von mangelnder Selbsteinbeziehung und vergrößert deine Unabhängigkeit. Es verstärkt deine Erfolglosigkeit und verhindert ein höheres Maß an Nähe.

40

Netzwerke und Erlösung

In jeder Situation, in der du unsicher bist, ist das Erste, was es zu bedenken gilt, ganz einfach: »Welches Ergebnis will ich? *Wozu* dient es?« Die Klärung des Ziels gehört an den Anfang, denn dieses ist es, das das Resultat bestimmen wird.

Ein Kurs in Wundern, T-17.VI.2:1-3

Wenn du dir das schlimmste Ereignis ins Gedächtnis rufst, das dir im Leben widerfahren ist, bietet sich dir eine wunderbare Gelegenheit, nicht nur Heilung zu erlangen, sondern auch die Gabe zu finden, die sich darin verbirgt. Das Ego hat das Opferereignis benutzt, um sich einerseits zu verstecken und andererseits seine Macht auszubauen. Doch auch die größten Fallen und Traumen, mit denen wir es im Leben zu tun haben, bergen für gewöhnlich eine Seelengabe in sich. Es ist die Gabe der Erlösung. Bei meiner Arbeit mit dem Unbewussten habe ich herausgefunden, dass die betroffenen Menschen fast immer das Versprechen gegeben hatten, die Person zu retten, die das schlimmste aller nur denkbaren Verbrechen an ihnen begangen hatte. Ich habe auch festgestellt, dass auf der tiefsten Ebene – unter Schock, Zorn, Hass, Wut und Rache – ein hohes Maß an Schuld und Selbsthass verborgen lag und dass das Opferereignis eine Form von Selbstbestrafung für falsch verstandene Schuld war. Hinzu kam die Schuld, die von der Opferrolle herrührte, sowie schließlich die Schuld dafür, dass sie die betreffende Person nicht gerettet hatten, was erreicht worden wäre, wenn sie ihre inneren Seelengaben angenommen hätten. Diese Gaben wurden nicht nur gebraucht, um das Trauma zu verhindern, sondern auch, um allen an der Situation beteiligten Menschen die Rettung zu bringen. Heilung auf allen diesen Ebenen macht es möglich, das Trauma in einen Ort des Selbstvertrauens, der Macht und der Freiheit zu verwandeln.

Ich entdeckte das Prinzip der Erlösung und der Netzwerke, als ich in Kanada mit einer First-Nations-Frau arbeitete, die einige Monate zuvor vergewaltigt worden war. Sie war darüber so aufgebracht, dass sie ihre Wut an allen Menschen in ihrem Umfeld und vor allem an ihrem Freund und ihren Kindern ausließ.

Die Vergewaltigung war leider Teil eines Opfermusters, das sie in sich trug. Wie alle First-Nations-Kinder hatte auch sie als Kind ein staatliches Internat besuchen müssen und war dort von einem der Aufseher wiederholt vergewaltigt worden. Das war unter den gegebenen Umständen eher die Regel als die Ausnahme. Sie wurde noch wütender, als sie entdeckte, dass sie dieses Muster in sich trug. Schließlich fanden wir im Laufe des Gesprächs ein Schlüsselelement, das sie dazu veranlasste, trotz ihrer Wut und des erlittenen Traumas an ihrer Heilung zu arbeiten. Ich zeigte ihr, dass sie das, was ihr vor einigen Monaten widerfahren war und durch ihre Kindheitserfahrungen noch verstärkt wurde, emotional an ihren Kindern und an ihrem Freund ausließ. Sie erkannte, dass ihr Verhalten einer emotionalen Vergewaltigung gleichkam. Diese tiefe Einsicht machte sie fassungslos und bewog sie, ihr Denken zu ändern und sich anstelle der selbstgerechten Wut, die sie fühlte, für die Heilung zu entscheiden.

Dies ist ein Schlüsselprinzip. Wenn wir uns nicht für die Heilung entscheiden, dann lassen wir das, was uns widerfahren ist, tatsächlich oder im übertragenen Sinne an den Menschen in unserer Umgebung aus. Wenn wir uns aufgrund des Traumas zurückziehen, kommen in den Menschen in unserer Umgebung die gleichen Gefühle auf wie in uns, als wir zum Opfer gemacht wurden. Wir haben die Wahl, ob wir das Opfermuster heilen oder das Muster des Täters fortsetzen wollen. Wenn wir uns dafür entscheiden, das Muster zu heilen, können wir es nicht nur in uns selbst und im Täter, sondern im gesamten Netzwerk aus Tätern und Opfern heilen. Dazu gehören die Menschen, die den Täter zum Opfer gemacht haben, und die Menschen, von denen sie zum Opfer gemacht wurden. Gleichzeitig heilen wir die Menschen, die wir zum Opfer gemacht haben, weil wir blind für die Wirkung waren, die unser von unserem Opferdenken herrührendes Verhalten auf andere hat.

Dies ist sehr häufig ein blinder Fleck bei Menschen, die zum Opfer gemacht wurden. Als ich mit der First-Nations-Frau arbeitete, erkannte ich, dass jeder

Täter zu einem Netzwerk aus Vergewaltigung und sowohl emotionaler als auch sexueller Belästigung gehörte. Ich erkannte, dass sie Gaben der Vergebung und der Erlösung in sich trug und dass sie, wenn sie ihren Vergewaltigern vergab, ihnen auch die Gabe der Erlösung bringen konnte.

Sie war in der Lage, diese Gaben an ihre Täter weiterzugeben: zuerst an den Täter, der sie als erwachsene Frau vergewaltigt hatte, dann an den Täter ihrer Kindheit und schließlich an die Täter, die diese Menschen zum Opfer gemacht hatten, und an die, von denen sie zum Opfer gemacht worden waren. Nachdem dieser Prozess abgeschlossen war, konnte sie sich den Menschen zuwenden, die *sie* zum Opfer gemacht hatte, und mit ihrer Hilfe auch den Menschen, die von ihnen zum Opfer gemacht worden waren, um ihnen ebenfalls die kostbaren Gaben der Vergebung und der Erlösung zu bringen. Zuletzt konnte sie die Gaben der Vergebung und der Erlösung auch mit ihrem Freund und mit ihren Kindern teilen. Angesichts ihres Mutes blieb kein Auge im Raum trocken, denn alle Teilnehmer hatten in ihrer Kindheit ähnliche Erfahrungen gemacht.

Ich habe diese Übung in der Zwischenzeit viele Male mit allen erdenklichen Problemen durchgeführt und immer wieder festgestellt, dass sie ausgesprochen effektiv darin ist, ganze Netzwerke aus Schmerz zu transformieren.

41

Das Videospiel des Lebens

> Jeder sucht sich selbst und die Kraft und die Herrlichkeit, die er verloren
> zu haben glaubt. Jedesmal, wenn du mit jemandem zusammen bist, hast
> du eine neue Gelegenheit, sie zu finden.
>
> Ein Kurs in Wundern, T-8.III.5:3-4

Die lebenslange Suche nach unserem SELBST ist das, worum es im Leben geht. Die Welt ist eine Illusion, die unserem Geist entspringt. Wir können die bedeutungslose Leere nicht ertragen, als die Buddha die Welt beschrieb, nachdem er erwacht war. Wir leben in einer Welt, die wir gemacht haben, denn wenn sie von GOTT käme, wäre sie vollkommen. Da *Gleiches aus Gleichem hervorgeht*, kann Vollkommenheit nur von GOTT kommen, und GOTT als das EINSSEIN kann SICH nicht teilen oder etwas erschaffen, das nicht vollkommene LIEBE ist.

Wir können das Leben als großes Videospiel betrachten. Wir lernen Lektionen und gelangen im Spiel des Lebens voran. Manchmal machen wir Fehler und müssen zu Spielorten zurückkehren, an denen wir schon waren. Wir lernen Seelenlektionen und versuchen, unser Bewusstsein zu erhöhen, bis wir einen Ort erreichen können, an dem es uns gelingt, das Spiel ganz zu überschreiten und über die Zeit hinauszugelangen. Wir schreiten über die Angst und den Morast der Schuld hinaus, die das Ego benutzt, um uns zurückzuhalten. Je mehr wir lernen und je mehr Heilung wir erlangen, umso mehr entkommen wir den zahllosen Fallen, die das Ego benutzt, um uns aufzuhalten, weil es seinen Platz in der Zeit behaupten will. Je weiter das Bewusstsein voranschreitet, umso mehr wendet es sich von der Materialität fort und zur Spiritualität hin. Das Leben dreht sich weniger um *Dinge* und mehr um Liebe und Freude.

Der Körper ist nicht unsere Identität, sondern das Werkzeug für unser Wachstum. Er ist an sich neutral. Er ist unermüdlich, wenn wir ihn nicht missbrauchen und ihm Aufgaben geben, die nicht in seinen Aufgabenbereich gehören. Wenn wir ihn aber besonders machen oder seine Freuden zum einzigen Lebensziel erklären, vergeuden wir unsere Zeit. Unser Schwelgen führt unweigerlich zur Aufopferung, weil Schwelgen und Aufopferung einen Teufelskreis bilden. Vergnügen und Schmerz kommen und gehen, sind im Vergleich zu Liebe und Freude aber dürftige Kost.

Unser Wachstum wird daran gemessen, wie glücklich und liebend wir sind. Es wird an unserer Heilung und an der Ganzheit gemessen, die mit ihr einhergeht. Es wird daran gemessen, inwieweit wir unsere Lebensaufgabe erfüllen. Unser Wachstum wird an unserer Integrität, an unserer Ebenbürtigkeit mit anderen Menschen und an unserer Gegenseitigkeit gemessen. Unser Wachstum wird an unserer Fähigkeit gemessen, andere Menschen zu segnen, statt über sie zu urteilen. Unser Wachstum wird an unserer Fähigkeit gemessen, anderen Menschen zu vergeben und ihnen das Gefühl ihrer eigenen Schuldlosigkeit zu vermitteln. Unser Wachstum wird an unserer Unschuld und daran gemessen, dass wir uns an GOTT wenden, um Gnade und Wunder zu erbitten. Unser Wachstum wird daran gemessen, in welchem Maße wir uns vom HIMMEL leiten lassen und alles, wozu wir aufgerufen sind, durch Gnade vollbringen lassen. Unser Wachstum wird daran gemessen, inwieweit wir über die körperliche und materielle Ebene hinausgelangt sind und in einer geistigen Wirklichkeit leben, während wir uns wieder zu unserem wahren Wesen als reiner Geist zurückentwickeln. Unser Wachstum wird daran gemessen, inwieweit wir über Schmerz und die Fallen des Leidens und der Krankheit hinausgelangt sind. Es wird daran gemessen, inwieweit wir über Angriff und Selbstangriff hinausgelangt sind. Unser Wachstum wird daran gemessen, inwieweit wir zur Rettung der Welt beitragen und in anderen Menschen uns selbst sehen. Wir können unser Wachstum daran messen, wie antwortfähig und mitfühlend wir sind, und wir können es schließlich daran messen, wie viel Eigenverantwortung wir für unser Leben und für die Welt übernehmen. Wenn wir unser uraltes Erbe entdecken, das in Wundern besteht, und schließlich das Licht erkennen können, das Menschen und Dinge in der Welt erhellt, sind wir fast zu Hause angekommen. Wenn wir in anderen

Menschen uns selbst sehen können, stehen wir an der Pforte zum irdischen Paradies, dem letzten Schritt vor dem HIMMEL SELBST. In der Unschuld unserer Brüder finden wir unsere eigene Unschuld. In unserer eigenen Unschuld finden wir die Unschuld unserer Brüder.

42

Das Muster zurückverfolgen

Nur das Ego kann begrenzt sein, und daher muss es nach Zielen suchen,
die beschränkt und eingrenzend sind.

Ein Kurs in Wundern, Ü-II.319.1:4

Es gibt eine Möglichkeit, jedes noch so geringfügige Ärgernis bis ins Unbewusste zurückzuverfolgen und das gesamte Muster zu klären. Das erlaubt deinem Bewusstsein, sich über die Glaubenssätze und die Negativität des Egos hinaus zu erweitern und zu wachsen.

Es ist an der Zeit, dass wir unser Leben zurückgewinnen und es nicht länger der Planung des Egos überlassen. Als Kind haben wir das Ego gebraucht, damit wir uns in der Welt zurechtfinden konnten, aber biologische Studien belegen, dass wir unser Ego und seine selbstbegrenzenden Muster ab dem neunzehnten Lebensjahr nicht länger brauchen.

Beginne die Übung, indem du dir eine Emotion, ein Ärgernis oder ein Problem ins Gedächtnis rufst. Dies ist die Frucht des Baums. Wir klären den gesamten Baum und den Bereich, der ihn umgibt. Folge der Emotion und frage dich, wie alt du warst, als das Muster festgeschrieben wurde. Vertraue dem, was dir in den Sinn kommt. Wenn du wüsstest, wer bei dir war, dann war es vermutlich _____. Wenn du wüsstest, was geschehen ist, dann war es vermutlich _____. Wenn du wüsstest, wie diese Erfahrung sich auf dein Leben ausgewirkt hat, dann war es in Form von _____. Die entscheidende Frage, die dir hilft, dein Unterbewusstsein und deine verborgenen Beweggründe zu verstehen, lautet: Wozu benutzt du diesen Vorfall? Bitte die Liebe, die GÖTT-

LICHE LIEBE und die GÖTTLICHE PRÄSENZ, sich in der Situation
Die LIEBE kommt stets, wenn du sie darum bittest. Lasse ansc
dunkle Lektion los, die ein solches Problem in deinem Leben erzeu
dich, worin die Seelenlektion besteht, die du nach dem Willen d
lernen solltest. Heiße diese Lektion nun in deinem Leben willkommen. Wenn du noch nicht bei dem Kindheitserlebnis angekommen bist, das dieses Problem hervorgebracht hat, folge dem Schmerz, dem Ärgernis oder dem Problem, bis du zu seiner Wurzel in der Kindheit gelangst. Wiederhole dann die oben beschriebene Übung der Heilung. Du kannst dem Zweig- und Astwerk folgen, bis du beim Stamm dieses langen Musters angekommen bist. Du kannst mithilfe dieser Übung das gesamte Muster heilen, indem du immer wieder die Liebe, die GÖTTLICHE LIEBE und die GÖTTLICHE PRÄSENZ bittest, sich in der Situation einzufinden.

Nachdem sich ein Gefühl des Friedens eingestellt hat, kehre zu dem Monat deiner Zeit im Mutterleib zurück, der deinem Alter zum Zeitpunkt des Kindheitstraumas in Jahren entspricht. Ein Trauma, das du beispielsweise im Alter von sieben Jahren erlitten hast, zeugt von einer Wurzel, die im siebten Monat deiner Zeit im Mutterleib liegt. Wer in deinem Umfeld hatte in dieser Zeit ein Problem? Worin bestand es? Verbinde dein Licht mit dem Licht deines GÖTTLICHEN FREUNDES, der dir bereits in der ersten Übung zur Seite gestanden hat, und verbinde dieses Licht dann mit dem Licht aller Menschen, die an der Situation beteiligt waren. Dies kann die Wurzel des Problems heilen.

Wenn dieser Prozess abgeschlossen ist, bist du bereit, dich mit dem Unbewussten zu befassen, das für den Waldboden steht, der den Baum umgibt. Frage dich, wenn du es wüsstest, zu wie viel Prozent die Emotion oder das Problem dann von deinen Ahnen an dich weitergegeben wurde. Frage dich, auf welcher Seite der Familie das Problem weitergegeben wurde und wie viele Generationen es zurückreicht. Hat das Problem mit einem Mann, einer Frau oder einem Mann und einer Frau begonnen? Was ist geschehen? Wie hat sich das Leben der betreffenden Menschen schließlich entwickelt? Wie hat sich das Problem auf jede Generation ausgewirkt, an die es weitergegeben wurde? Wie hat es sich auf deine Großeltern ausgewirkt? Wie hat es sich auf das Leben deines Vaters oder deiner Mutter ausgewirkt? Wie hat es sich in deinem Leben gezeigt, und wie hat es sich auf dich ausgewirkt? Wie hat es sich auf deine Kinder oder Enkelkinder ausgewirkt? Verbinde in der ursprünglichen Situation dein Licht mit dem Licht von Jesus oder Kuan Yin, und verbinde dieses Licht dann mit dem Licht aller an der Situation beteiligten Menschen, bis sich vollständiger Frieden eingestellt hat. Was geschieht daraufhin in der ursprünglichen Situation? Wie entwickelt sich das Leben der daran beteiligten Menschen? Was geben sie an ihre Kinder und jede nachfolgende Generation weiter? Wie wirkt sich diese neue Verbundenheit auf deine Großeltern aus, wenn sie an sie weitergegeben wird? Wie wirkt sie sich auf deine Mutter oder deinen Vater aus? Welchen Unterschied bewirkt sie in deinem Leben, wenn sie bei dir ankommt? Wie wirkt sie sich auf deine Kinder und Enkelkinder aus?

Frage dich als Nächstes, zu wie viel Prozent der Schmerz oder das Problem aus anderen Leben an dich weitergegeben wurde. Wenn du nicht an vergangene Leben glaubst, stelle sie dir als Geschichten des Egos vor, die es erfunden hat, um seine Entwicklungsreise zu beschreiben. Kehre mithilfe deiner Intuition zur wichtigsten Lebenszeit zurück. Frage dich, in welchem Land du gelebt hast. Warst du ein Mann oder eine Frau? Welches Ereignis hat das Muster in diesem früheren Leben in Gang gesetzt? Welche Seelenlektion wolltest du in diesem früheren Leben lernen? Ungeachtet dessen, was geschehen ist, gibt es eine Lektion, die nicht gelernt wurde. Frage dich, worin die Seelengabe bestand, die du in dieses frühere Leben mitgebracht hast, um glücklich zu sein und deine Seelenlektion zu lernen. Öffne die Gabe nun als Kind in diesem früheren Leben. Worin bestand die Gabe, die der HIMMEL in diesem früheren Leben für dich bereitgehalten hat, damit du glücklich sein und deine Lektion mühelos lernen konntest? Empfange sie. Teile diese Gaben – beginnend in deiner Kindheit – nun mit allen Menschen und Dingen, denen du in diesem früheren Leben begegnet bist. Wie entwickelt sich dieses Leben jetzt? Bringe die Energie dieses erfolgreichen früheren Lebens durch alle späteren Leben hindurch bis in dein jetziges Leben und bis in den gegenwärtigen Moment mit.

Frage dich als Nächstes, zu wie viel Prozent der Schmerz oder das Problem aus dem kollektiven Bewusstsein herrührt. Bitte CHRISTUS, in dich hineinzukommen, um durch deine Augen hinauszuschauen. Wie stellt sich die Situation mit SEINER Schau nun dar? Frage dich dann, zu wie viel Prozent das Problem aus dem dunklen übernatürlichen Bewusstsein herrührt. Es wird auch als das astrale Bewusstsein bezeichnet und birgt Dämonen, Teufel und dunkle Götter, die Sinnbilder für das uralte, körperlose Ego sind. Bitte CHRISTUS, in dich hineinzukommen, damit du den gesamten Bereich mit der geistigen Schau betrachten kannst. Was siehst du, wenn du durch SEINE Augen schaust? Wenn du wieder von einem Gefühl des Friedens erfüllt bist, frage dich, zu wie viel Prozent das Problem von deinem Fall aus dem EINSSEIN herrührt, von dem Anteil deines Bewusstseins, der aus dem EINSSEIN in die Zeit und in den Traum der illusionären Welt gefallen ist. Dies ist der Ort, an dem wir GOTT und SEINE LIEBE und Freude vergessen haben. Verbinde dein Licht mit dem Licht deines GÖTTLICHEN FREUNDES, und verbinde dieses Licht dann einmal mehr mit dem Licht, das GOTT und der HIMMEL ist. Wie stellt sich das Problem nun dar? Existiert der Fall aus dem Zustand des EINSSEINS überhaupt, wenn GOTT ihn nicht herbeigeführt hat? Das EINSSEIN könnte und würde sich nicht teilen.

Wenn du feststellst, dass du an einem besonders schwierigen Muster arbeitest, bitte die GÖTTLICHE PRÄSENZ sofort um Hilfe. Kehre anschließend zu deinen Ahnen- und Seelenmustern zurück und frage dich, wie viele Verträge mit dem Ego und Geschäfte mit dem Teufel – dem uralten Ego – durch diese Anteile deines Bewusstseins an dich weitergegeben wurden. Bitte das Licht, die GÖTTLICHE LIEBE und die GÖTTLICHE PRÄSENZ darum, sich einzufinden und diese Geschäfte als unwahr aufzulösen. Löse jede Dunkelheit auf oder sende sie einfach zurück ins Licht, damit sie sich auflöst. Bitte auch darum, dass alle Persönlichkeiten des Egos und alle „teuflischen" Persönlichkeiten, die du zu diesem Zeitpunkt angenommen hast, als die Illusionen aufgelöst werden, die sie sind. Sende sie zurück ins Licht, damit diese gefallenen Engel erlöst werden können. Bitte darum, dass auch alle mit ihnen verbundenen Teufel oder dunklen Götter erlöst werden. Wiederhole den Prozess dann mit allen Verträgen, die du mit dunklen Göttern geschlossen hast, bei denen es sich um die ärgsten Aspekte des uralten Egos handelt. Alle Verträge, alle Persönlichkeiten und sogar die dunklen Götter selbst können mithilfe der GÖTTLICHEN LIEBE und der GÖTTLICHEN PRÄSENZ erlöst und wieder ins EINSSEIN hinein aufgelöst werden. Wir schließen diese Verträge, weil wir uns machtlos, unsicher und allein fühlen, aber die GÖTTLICHE PRÄSENZ bringt Erfüllung in diesen Bereichen, ohne dass wir einen hohen Preis dafür bezahlen müssen.

Wiederhole den Prozess anschließend mit den Erfahrungen, die du im Mutterleib, in deiner Kindheit und als erwachsener Mensch gemacht hast. Setze den Verträgen mit dem Ego, dem Teufel und den dunklen Göttern ein Ende, denn das Ego benutzt sie als Anker, um dich niederzudrücken. Es hat seinen Teil der Verträge niemals eingehalten, aber immer darauf gepocht, dass du deinen Teil einhältst. Diese Anker sind Orte, an denen du nun fortlaufend und bösartig angegriffen wirst. Du kannst dich jetzt dafür entscheiden, dass Frieden, Liebe, GÖTTLICHE LIEBE und GÖTTLICHE PRÄSENZ mit dir gehen, wo immer du hingehst. Du kannst dich mit deinem FREUND und mit allen anderen Menschen von Licht zu Licht verbinden. Wenn du die Trennung beendest, beendest du das Problem.

43

Illusionen über dich selber

Illusionen über dich selber und die Welt sind eins. Deshalb ist jede Vergebung eine Gabe an dich selbst.
Ein Kurs in Wundern, Ü-I.62.2:1-2

Alles, was wir von anderen Menschen glauben, und alles, was wir im Zusammenhang mit der Welt glauben, sind Illusionen, die wir über uns selbst hegen. Wir lasten uns auch unsere Urteile über die Welt an, und das ist der Grund dafür, dass wir sie außerhalb von uns sehen wollen. Wir haben diese Anteile unserer selbst verurteilt und abgespalten. Wir haben sie verdrängt und projiziert. Wenn wir einem anderen Menschen helfen, dann helfen wir uns selbst. Wenn wir einem anderen Menschen vergeben, dann vergeben wir uns selbst. Das Wissen um dieses Prinzip führt nicht immer zur Vergebung, aber wenn wir bereit sind, führt es uns zumindest zu der Freiheit, die Vergebung bringt. Alles, was wir einem anderen Menschen zur Last legen, ist die Wurzel unserer Probleme, weil an der Wurzel jedes Problems ein unversöhnlicher Gedanke liegt. Andere Menschen verkörpern unsere verborgenen Glaubenssätze, und diese Glaubenssätze sind getrennt von und stehen oftmals im Widerspruch zu den primären Glaubenssätzen, mit denen wir uns identifizieren. Das macht Heilung notwendig, weil unser innerer Konflikt einen Konflikt außerhalb von uns erzeugt hat. Dieser Machtkampf kann durch Vergebung und Selbstvergebung geheilt werden. Er kann durch Integration unserer Glaubenssysteme geheilt werden. Wir können uns dafür entscheiden, dass Integration geschehen soll, oder den HIMMEL darum bitten, diese Glaubenssätze zu integrieren, bis sich neue Ganzheit und das aus ihr hervorgehende Selbstvertrauen eingestellt haben.

Wenn du in allen anderen Menschen sowohl für dich selbst als auch für sie eine Möglichkeit siehst, auf neue Ebenen der Verbindung und der Ganzheit zu gelangen, hilfst du der Welt, weil du sie zu einem höheren Maß an Übereinstimmung, Gegenseitigkeit und Freundschaft führst. Das bringt Frieden, Harmonie und Fülle. Es eint, was in dir uneins ist. Das können Dinge sein, die du in hohem Maße verdrängt oder sogar auf unbewusste Ebenen verbannt hast. Nun hast du die Gelegenheit, diese alte Identität zu heilen, bis nur noch Vereinigung und Glück bleiben. Das kannst du tun, indem du dich mit den Menschen in deiner Umgebung ebenso verbindest wie mit einem Partner, mit dem du dich gemeinsam verpflichtet hast, alles zu heilen, was zwischen euch steht. Du kannst an einen Ort des HIMMELS auf Erden gelangen, wenn alle Schuld und alle Angst durch Verbindung und Vergebung fortfallen. Jeder Mensch kann eine Pforte der Einweihung und ein Weg sein, der nach Hause führt. Obwohl wir andere Menschen als außerhalb von uns sehen, tragen wir sie auch in uns.

44

Was mich rettet, kommt von mir

Die Erlösung scheint von überall her zu kommen außer von dir selbst. Der scheinbare Preis dafür, dass du den heutigen Gedanken akzeptierst, ist dieser: Er bedeutet, dass nichts außerhalb von dir dich erlösen kann und nichts außerhalb von dir dir Frieden bringen kann. Er bedeutet aber auch, dass nichts außerhalb von dir dich verletzen oder deinen Frieden stören oder dich in irgendeiner Weise aufregen kann. Der heutige Gedanke übergibt dir die Obhut über das Universum, die dein ist aufgrund dessen, was du bist. Das ist keine Rolle, die nur teilweise angenommen werden kann. Und sicher fängst du langsam an zu sehen, dass sie anzunehmen die Erlösung ist.

Ein Kurs in Wundern, Ü-I.70.1:2, 2:1-5

Auch wenn wir glauben, dass es äußere Dinge sind, die uns retten, können in Wirklichkeit nur wir selbst uns retten. Andere Menschen scheinen uns zu retten. Eine äußere Kraft scheint uns zu retten, aber das geschieht in Wirklichkeit nur, weil wir uns dafür entschieden haben. Selbst wenn wir durch den HIMMEL gerettet werden, ist es in Wirklichkeit der HIMMEL in uns, der uns rettet. Es gibt keinen HIMMEL in den Wolken. Der HIMMEL ist in uns, wie Jesus es gesagt hat. Aus dieser Erkenntnis folgt jedoch auch, dass nur wir selbst uns verletzen können. Wir bestimmen darüber, ob wir uns aufregen oder beunruhigen. Wir bestimmen über das, was in unserem Leben geschieht. Wir sind

Meister über unser Leben und Meister über unsere Welt. Wir haben entweder die Obhut über unser Leben, oder wir haben sie nicht. Unser Ego will uns von dieser Erkenntnis fernhalten. Auf diese Weise kann es immer wieder Dinge an uns vorbeischleusen und die Tatsache, dass es in fast alle Entscheidungsmöglichkeiten, die wir haben, seine eigenen Entscheidungen einschmuggelt, in unserem Unterbewusstsein verbergen. Es will unsere wirkliche Identität als unbegrenzter Geist und als KIND GOTTES vor uns verheimlichen. Es will, dass wir uns schwach und verletzlich fühlen, damit es versprechen kann, uns zu beschützen. Es erklärt uns, dass wir durch einen Präventivschlag verhindern können, selbst angegriffen zu werden, aber in Wirklichkeit geschieht genau das Gegenteil, wenn wir angreifen. Das Ego will uns einreden, dass wir mit ihm identisch sind. Es will uns weismachen, dass wir unser Körper sind. Das verstärkt die Annahme, dass wir schwach und für alle Angriffe im Leben und in der Welt offen sind.

Dieses Prinzip kennt nur alles oder nichts. Wir sehen uns entweder als sehr mächtig oder aber – wie das Ego uns erklärt – als schwach. Wofür entscheidest du dich? Wenn du die Wahrheit von ganzem Herzen willst, wirst du feststellen, dass das, was in *Ein Kurs in Wundern* geschrieben steht, wahr ist. Was Wahrheit in sich birgt, bringt Freiheit, Mühelosigkeit, Authentizität und Partnerschaft. Das Ego bringt dir nichts davon. Das Ego besitzt nichts davon, um es dir zu geben.

45

Deine endgültige Befreiung

> Es gibt keine Welt losgelöst von deinen Wünschen, und darin liegt deine letztendliche Befreiung. Du brauchst nur dein Denken über das zu ändern, was du sehen willst, und die ganze Welt muss sich entsprechend auch verändern. Ideen verlassen ihre Quelle nicht.
>
> *Ein Kurs in Wundern*, Ü-I.132.5:1-3

Der *Kurs* präsentiert auch hier das Grundprinzip der Eigenverantwortung auf seiner tiefsten Ebene. Die Welt ist so, wie sie unserem Wunsch und unserer Entscheidung nach sein soll. Dies ist eine radikale, aber auch machtvolle Sichtweise. Ich konnte mit ihrer Hilfe nicht nur wichtige Aspekte der persönlichen Welt meiner Klienten verändern, sondern manchmal auch ein Stück der Welt insgesamt allein durch eine Änderung in ihrem Denken, die sich für zahllose Menschen als wichtiger Schritt erwies. Wenn wir unser Denken ändern, können wir die Welt verändern.

Wir können unser Denken ändern, indem wir zuerst erkennen, dass wir es ändern *wollen*. Wir wollen anders sehen. Die Welt spiegelt die Veränderungen in unserem Denken wider. Was wir in der Welt sehen, ist unsere Idee von der Welt, die eine bestimmte Idee des Egos über uns und unsere Besonderheit unterstützt. Unser Bewusstsein birgt diese Ideen in sich, und die Welt spiegelt sie wider. Ideen verlassen jedoch ihren Ursprung nicht. Auch wenn wir den Beweis für unsere Gedanken in der Welt widergespiegelt sehen, tragen wir sie dennoch in uns. Um die Welt zu verändern, brauchen wir nur unsere Gedanken über das zu ändern, was wir wollen. Wenn ein negatives Ereignis geschieht, können wir uns fragen, welche Idee über uns selbst wir beweisen wollten. Wenn wir uns selbst vergeben und dieses Selbstkonzept loslassen können, zeigt sich eine innere Seelengabe, die auf uns wartet. Sie ist alles, was wir wollen, ohne dass wir etwas beweisen müssen. Diese Entscheidung hat eine grundlegend glückliche Wirkung auf die Welt. Unser Geist und die Welt werden eins in einem wunderbaren Tanz, in dem sich der Schmerz und die Niederlage der Trennung auflösen.

Immer wenn ein negatives Ereignis in deinem Leben geschieht, kannst du es betrachten und dir die Frage stellen: „Was will ich?" Wenn du aussprichst, was du willst, kannst du die Wirkung dieser Aussage auf deine Wahrnehmung des Ereignisses betrachten. Wiederhole die Frage immer wieder, bis das, was du wahrnimmst, genau dem entspricht, was du willst.

46

Das Einzige

*Das ist das Einzige, was du dafür zu tun brauchst, damit dir Schau, Glück, Befreiung von Schmerz und das vollständige Entrinnen aus der Sünde gegeben werden. Sage nur dies, aber meine es ohne Vorbehalt, denn hierin liegt die Macht des Heils: Ich **bin** verantwortlich für das, was ich sehe. Ich wähle die Gefühle, die ich erfahre, und ich entscheide mich für das Ziel, das ich erreichen möchte. Ich bitte um alles, was mir zu widerfahren scheint, und ich empfange, wie ich gebeten habe.*

Ein Kurs in Wundern, T-21.II.2:1-5

Das Einzige, was erforderlich ist, um uns aus Schmerz und Leiden, aus Schuld und der Vorstellung von Sünde zu retten und uns Schau und Glück zu bringen, ist die vorbehaltlose Erkenntnis, dass wir uns für das entscheiden, was uns widerfährt. Was geschieht, ist das, worum wir gebeten haben, und es geschieht genau so, wie wir gebeten haben. Wenn es Schuldzuweisungen oder Groll gibt, wenn *irgendjemand* – wir selbst eingeschlossen – scheinbar böse oder sündig ist, sind die Worte, die *Ein Kurs in Wundern* uns zu sagen rät, um uns effektiv zu befreien, verloren. Wenn wir diese Worte ohne Bedenken oder Vorbehalt sagen können, dann können wir uns unendlich viel Zeit und ein unendlich hohes Maß an Leiden ersparen: „Ich bin verantwortlich für das, was ich sehe. Ich wähle die Gefühle, die ich erfahre, und ich entscheide mich für das Ziel, das ich erreichen möchte. Ich bitte um alles, was mir zu widerfahren scheint, und ich empfange, wie ich gebeten habe."

Wenn wir diese Worte ehrlich und aufrichtig sagen können, sind wir frei.

Anderenfalls wendet sich das, was wir einem anderen Menschen und damit auch uns zur Last legen, gegen uns selbst. Dann werden wir vor eine Lektion gestellt, die wir entweder durch Heilung lernen müssen oder benutzen, um das Ego und unsere Schuld zu nähren. Wir können uns selbst und allen anderen an der Situation beteiligten Menschen immer wieder vergeben, bis wir frei sind. Wir können diese Aussagen auch als Worte der Kraft mit großer Entschlossenheit immer wieder sagen, um den Bereich zu befreien, der scheinbar in Sünde, Schuld oder Falschheit gefangen ist, bis wir zur Erfahrung der Unschuld aller daran beteiligten Menschen gelangen. Wenn du diese Worte sprichst und um Gnade bittest, überprüfe nach jeder Wiederholung, wie sich die Menschen und die Situation für dich darstellen und wie sie sich anfühlen. Wenn sich nach der siebten Wiederholung keine Veränderung eingestellt hat, hältst du an einer Anhaftung sowie an Schuld und Schuldzuweisungen fest, die du benutzt, um dich zu verstecken. Lasse sie los und gehe den nächsten Schritt, weil das, was dir wie eine Sicherheitszone erscheint, sich anderenfalls schon bald in eine Zone der Leblosigkeit verwandelt.

47

Die Lektion lernen

> Wann immer du dein Einverständnis gibst, Schmerz oder Entzug zu erleiden, ungerecht behandelt zu werden oder irgendetwas zu benötigen, klagst du nur deinen Bruder des Angriffs auf den GOTTESSOHN an. Du hältst ihm ein Abbild deiner Kreuzigung vor Augen, damit er sehen möge, dass seine Sünden in deinem Blut und Tod im HIMMEL eingeschrieben sind und vor ihm hergehen, um die Pforte zu verschließen und ihn zur Hölle zu verdammen.
>
> *Ein Kurs in Wundern*, T-27.I.3:1-2

Unser Schmerz ist stets ein Finger der Anklage. Er ist es sogar dann, wenn wir das Gefühl haben, gekreuzigt zu werden. Er sagt: „Schau nur, was du mir angetan hast. Ich leide deinetwegen. Du bist schuld, dass ich Mangel leide oder überhaupt ein Bedürfnis habe. Du bist schuld, dass ich ungerecht behandelt werde." Die Schuld, die wir anderen Menschen aufbürden wollen, ist in Wirklichkeit jedoch unsere eigene Schuld, weil alle negativen Ereignisse in unserem Leben zeigen, dass wir einen Fehler gemacht haben. Wenn wir vor einer wichtigen Lektion stehen und sie nicht lernen, leiden wir. Herzensbrüche, Traumen und Opfersituationen zeigen, dass wir schon einmal vor eine Prüfung gestellt wurden, die wir nicht bestanden haben. Wir glaubten, für diese Seelenprüfung bereit zu sein, und haben sie möglicherweise viele Male auf unseren Lehrplan gesetzt, noch ehe wir in dieses Leben hineingeboren wurden. Bei jeder Lektion geht es darum, auf eine neue Ebene zu gelangen, uns zu verbinden, statt uns zu trennen, und ein höheres Maß an Ganzheit zu erlangen, statt unser Bewusstsein in immer höherem Maße zu spalten. Wir sind gekommen, um eine Lektion der Liebe, nicht eine Lektion der Angst zu lernen. Wir sind gekommen, um eine Lektion zu lernen, die mehr Licht in unser Leben und in die Welt hineinbringt, nicht eine Lektion, die mehr Dunkelheit bringt.

Unser Lebenserfolg ist gleichbedeutend mit unserem Lernerfolg und der Bereitschaft, einen besseren Weg zu gehen. So gelangen wir voran. So lernen wir, uns mit anderen Menschen und dem HIMMEL in höherem Maße partnerschaftlich zu verbinden. So sehen wir weniger Unterschiede und gelangen zu mehr Gegenseitigkeit und einem höheren Maß an Ganzheit. So können wir unsere eigenen Gaben in höherem Maße verwirklichen und die Gaben des HIMMELS in höherem Maße empfangen. Wenn wir die Lektion nicht gelernt haben, tragen wir den mit ihr verbundenen Schmerz nach wie vor in uns, auch wenn wir ihn möglicherweise verdrängt haben, weil wir das Leiden und den Selbstangriff nicht ertragen konnten. Das macht es schwieriger, ihn aufzuspüren, um ihn zu heilen. Das Ego will stets den Eindruck erwecken, dass es uns helfen will. Es verspricht, uns von unserem Schmerz zu befreien, während es ihn in Wirklichkeit jedoch nur dissoziiert.

Dennoch können wir mithilfe unserer Intuition die Lektionen finden, die es noch zu lernen gilt. Schmerzhafte Erinnerungen weisen uns darauf hin. Probleme weisen uns darauf hin. Wir können uns die Frage stellen, wo die Wurzel des Problems liegt und wo es begonnen hat, um dann dem Weg zu folgen, den unsere Intuition uns weist. Wir können ein aktuelles Gefühl, das nicht vollkommen glücklich ist, emotional bis zu seinem Ursprung zurückverfolgen.

Nun können wir die Lektion lernen. Der HIMMEL hilft uns dabei. Der HIMMEL hat vollkommenen Glauben an uns. Nun haben wir die Möglichkeit, vollkommenen Glauben an uns selbst zu haben.

Frage dich, welche Wirkung die dunkle Lektion, die du gelernt hast, auf dein Leben hatte. Was, fürchtetest du, würde geschehen, wenn du die Seelenlektion lernst? Liebe heilt Angst. Bitte also die Liebe darum, sich in der Situation einzufinden und auch dich zu erfüllen. Bitte dann die GÖTTLICHE LIEBE und die GÖTTLICHE PRÄSENZ darum, sich ebenfalls in der Situation einzufinden. Dies vertieft deine Selbstliebe und vertreibt die letzten Spuren deiner Angst. Bitte um die Seelenlektion, die der HIMMEL zum damaligen Zeitpunkt für dich bereitgehalten hat. Nimm wahr, wie sie dich vollkommen erfüllt und sowohl dich als auch alle anderen an der Situation beteiligten Menschen befreit. Inwiefern hat sich deine Situation dadurch verändert? Bringe die gelernte Lektion aus dieser Zeit mit in die Gegenwart und trage sie anschließend zurück bis zum Zeitpunkt deiner Empfängnis. Nimm den Unterschied in deinem Leben wahr.

48

Was du in dir fühlst

> Lerne jedoch dieses Gesetz des Sehens und lass nicht zu, dass dein Geist es vergesse: Du wirst auf das schauen, was du in deinem Innern fühlst. Wenn Hass einen Platz in deinem Herzen findet, dann wirst du eine Furcht erregende Welt wahrnehmen, die der Tod grausam in seinen spitzen Knochenfingern hält. Wenn du die Liebe Gottes in dir fühlst, wirst du hinaus auf eine Welt der Barmherzigkeit und der Liebe schauen.
>
> *Ein Kurs in Wundern*, Ü-I.189.5:3-5

Ich erinnere mich aus meinen Studententagen noch an ein Haiku von Martin Buxbaum:

Ich fühle mich so, wie der Wind weht.

Dieses Haiku ist mir irgendwie immer in Erinnerung geblieben. Deine innere Freude strahlt nach außen, aber was du fühlst, entspricht auch deiner Erfahrung der Welt. Wenn du die Welt wegen eines wahrgenommenen Verlustes hasserfüllt angreifst, schaust du anschließend auf eine Welt, die von Angriff und Angst erfüllt ist. Doch wenn du die Liebe Gottes – die höchste Liebe – in dir fühlst, gelangst du über jeden Verlust hinaus und weißt, dass bald ein neuer und besserer Anfang kommen wird. Du strahlst Freude aus, und infolgedessen erfährst du Barmherzigkeit und Liebe. Wenn du anstelle einer Welt des Angriffs also eine Welt der Liebe erfahren möchtest, ist es wichtig, dich auf die Liebe zu konzentrieren. Und nichts ist höher als die Liebe Gottes, die du in dir trägst.

49

Eine Welt, die ich nicht kontrollieren kann

Du wählst stets zwischen deiner Schwäche und der Stärke CHRISTI in dir. Und was du wählst, ist das, wovon du denkst, dass es wirklich sei.
Ein Kurs in Wundern, T-31.VIII.2:3-4

Unser Ego fürchtet sich in Wirklichkeit vor unserer Macht. Es fürchtet sich vor dem, der wir sind, und vor der Größe, die Teil unseres geistigen Erbes ist. Wenn wir erkennen, wer wir sind, dann erkennen wir auch, dass wir das Ego nicht brauchen. Das Ego will, dass wir Opfer sind. Die Opferrolle ist eine Investition in Kleinheit und deshalb eine Investition in die Macht des Egos. Das Ego will, dass wir uns schwach fühlen, denn dann kann es sich einschalten, um Vorschläge zu machen und so zu tun, als ob es die Rettung bringt, obwohl es das Problem ursprünglich selbst herbeigeführt hat und heimlich plant, uns zu seinem Sklaven zu machen. Wenn wir unsere Stärke kennen, dann wissen wir, dass wir das Ego nicht brauchen. Wenn wir Heilung erlangen und in unserer persönlichen Entwicklung voranschreiten, tritt das Ego stärker zurück und der HIMMEL ist in höherem Maße in uns präsent.

Wir investieren lieber in das Ego als in unsere Verbindung mit dem HIMMEL. Unser Leben und der Zustand der Welt sind der Beweis. Wir erleiden den Schmerz, der unumgänglich ist, damit wir uns trennen und unsere Egoidentität aufbauen können, statt die Stärke CHRISTI in uns zu erkennen. CHRISTUS ist die gesamte SOHNSCHAFT. ER ist die gesamte Menschheit, die in unserer GÖTTLICHKEIT eins wird. Doch wir haben uns seit unserer Geburt von unserer

GÖTTLICHKEIT entfernt und in Schwäche und Begrenztheit investiert, um wie alle anderen zu sein.

Wir können wählen, ob wir aus der Sicht körperlicher Belange oder aus der geistigen Sicht auf das Leben schauen wollen. Das Ego arbeitet hart daran, dass wir den Körper als unsere einzig wahre Identität betrachten, sodass unser geistiges Erbe und unsere höchste Identität als reiner Geist überdeckt werden. Wir streben lieber nach unserem Glück in der Welt, statt es in der Liebe und in der Vergebung zu suchen, die uns zur Freude führen. Wir überlassen uns den zahllosen Einflüsterungen der Welt und erklären wie Oscar Wilde: „Ich kann allem widerstehen, nur der Versuchung nicht." So wollen wir erreichen, dass die Wirklichkeit der Welt bestehen bleibt, wie sie immer war. Wir wollen endlich und endgültig dafür sorgen, dass unsere Götzen uns glücklich machen und dass unsere Bedürfnisse erfüllt werden. Dabei begreifen wir anscheinend nicht, dass das niemals oder höchstens für einen kurzen flüchtigen Augenblick der Fall sein wird. Das Streben nach Götzen führt irgendwann zu Enttäuschung, Ernüchterung und zerschlagenen Träumen.

Ich habe die Erfahrung gemacht, dass fast alle Probleme psychologisch mithilfe des Denkens und des Herzens gelöst werden können. Wenn wir ein Problem von einer höheren geistigen Warte angehen, können wir jedoch viel rascher hindurchgelangen und uns manchmal einen Heilungsprozess ersparen, der viele Monate oder gar Jahre gedauert hätte. Bei der Erforschung des menschlichen Bewusstseins habe ich entdeckt, dass wir uns ganz von selbst zur schamanischen Ebene der Geisteskraft und von dort zur Ebene der reinen Liebe und des reinen Geistes hin entwickeln. Ein Mensch, der für die geistige Ebene offen ist, kann also viel Zeit sparen, weil der reine Geist unbegrenzt ist.

Ein Kurs in Wundern hebt die psychologische Ebene durchgehend auf die geistige Ebene empor, und je tiefer ich ins Bewusstsein eintauche, umso mehr stelle ich fest, dass das, was der *Kurs* vorbringt, ein Weg ist, der in die radikale Abhängigkeit – die höchste Ebene des Bewusstseins – hinein- und durch sie hindurchführt. Das bedeutet, dass wir, wie Jesus gesagt hat, wieder wie die Kinder werden, damit wir in das HIMMELREICH kommen können. Es bedeutet, dass wir durch Gnade leben. Sie ist besonders hilfreich, wenn es darum geht, die Fallen des Egos aus dem Weg zu räumen, in die es uns lockt, um sich selbst am Leben zu erhalten.

Gnade macht das Leben mühelos, friedvoll und erfüllt. *Ein Kurs in Wundern* ist meiner Meinung nach ein hervorragendes Werkzeug, wenn es darum geht, diesen Aspekt des Geistes auf seiner tiefsten und höchsten Ebene zu verstehen. Der *Kurs* zeigt für unsere grundlegenden Probleme wunderbare spirituelle Lösungen auf. Er zeigt, dass wir diese Probleme benutzt haben, um unserem geistigen Erbe aus dem Weg zu gehen und unsere von GOTT geschaffene Identität zu verleugnen. Er zeigt Auswege aus Problemen auf, die psychologisch und spirituell zugleich sind. Er zerstreut die Illusion von Schmerz und Trennung, und er fordert uns auf, in uns und in anderen Menschen das Licht zu finden, das über die Selbstkonzepte hinausgeht, die unsere Investition in das Ego und in die Welt sind. Unser Verlangen nach weltlichen Dingen lässt uns vergessen, dass wir reiner Geist sind. Die Welt besteht jedoch aus unseren eigenen verlagerten und projizierten Glaubenssätzen und aus unseren sinnlosen Wünschen. Wir sind im Besitz dessen, was wir bereits verurteilt haben.

Das macht uns zumindest zwiegespalten im Hinblick auf das, was wir in der Welt wollen. Es macht uns zwiegespalten im Hinblick auf die Quelle, von der wir Dinge bekommen wollen. Es macht unsere Schwierigkeiten, unsere Frustration und unsere Enttäuschung wesentlich verständlicher und nachvollziehbarer. Wir wollen es und wollen es gleichzeitig nicht, da wir es verurteilt haben. Die Suche nach äußeren Dingen ist Garant für Herzensbruch, Enttäuschung und zerschlagene Träume. Wonach wir suchen, kann nicht außerhalb von uns, sondern nur in uns gefunden werden. Was wir verurteilt, dissoziiert und projiziert haben, scheint nun *kein Teil von uns* mehr zu sein, über den wir zwiegespalten sind, sondern ein Teil, der jenseits unserer Kontrolle liegt.

> Schmerz, Krankheit, Verlust, Alter und Tod scheinen mich zu bedrohen. All meine Hoffnungen, Wünsche und Pläne scheinen in der Hand einer Welt zu liegen, über die ich keine Kontrolle habe. Und doch sind vollkommene Sicherheit und vollständige Erfüllung mein Erbe. Ich habe versucht, mein Erbe wegzugeben im Austausch gegen die Welt, die ich sehe. GOTT aber hat mein Erbe sicher für mich aufbewahrt. Meine eigenen wirklichen Gedanken werden mich lehren, was es ist.
> *Ein Kurs in Wundern*, Ü-I.56.1:3-8

Je mehr wir unsere Selbstkonzepte aufgeben, umso mehr geben wir die Welt auf, wie wir sie sehen. Je mehr wir die Welt aufgeben, umso mehr geben wir unsere

Egoidentität auf und beginnen allmählich, unsere geistige Identität zu entdecken. Sie birgt das Glück, die Sicherheit und die Liebe, die mit der Erhöhung unseres Bewusstseins einhergehen, während wir uns unserer Selbstkonzepte entledigen, die uns als Ego in der Welt verankert haben. Diese Selbstkonzepte sind auf Schmerz, Angst, Schuld und Trennung aufgebaut. Wenn wir uns ihrer entledigen, können wir sowohl unseren Geist als auch die Welt in höherem Maße einen und heilen.

50

Träumen

> Du hast einen Schlaf gewählt, in dem du schlimme Träume hattest, aber der Schlaf ist nicht wirklich, und GOTT ruft dich, aufzuwachen. Nichts von deinem Traum wird übrig blieben, wenn du IHN hörst, weil du erwachen wirst.
>
> Ein Kurs in Wundern, T-6.IV.6:3-4

Stelle dir einmal einen Moment lang vor, dass alles ein Traum ist. Dieser Traum gleicht unseren Schlafträumen: manchmal chaotisch, manchmal geschichtenerzählend und immer ein Spiegel dessen, was in unserem Geist vor sich geht. Die Dramatik oder die Leblosigkeit, die unser Leben beherrschen, sind in Wirklichkeit nichts anderes als schlechte Träume. Wir können durch Vergebung und andere Prinzipen der Heilung lernen, immer bessere Träume zu träumen. Letztlich geht es im Leben jedoch nur darum, *nicht* länger zu träumen, denn auch gute Träume sind bloße Träume und inhaltslos im Vergleich mit unserem Erwachen. Träume scheinen verschenkte Zeit angesichts der Möglichkeit, vollkommen über sie hinauszugelangen. Das wollen wir uns zum Ziel setzen. Wenn das Erwachen unser Ziel wird, können wir uns dafür entscheiden, die Verantwortung für alles zu übernehmen, was in unserem Leben geschieht, und GOTT darum bitten, uns aufzuwecken. Je mehr Eigenverantwortung wir übernehmen, umso weniger ist unser Geist in Urteilen, Groll und Drama gefangen. Wir können uns wieder in dem Frieden niederlassen, aus dem alle guten Dinge kommen und der die Pforte zum Erwachen und zur Ewigkeit ist.

51

Verträge

Die Sünde ist der Glaube, Angriff lasse sich aus dem Geist, in dem der Glaube entstand, hinausprojizieren. Hier wird die feste Überzeugung, Ideen könnten ihre Quelle doch verlassen, wirklich und bedeutungsvoll gemacht. Und aus diesem Irrtum ersteht die Welt der Sünde und des Opfers. Diese Welt ist ein Versuch, deine Unschuld zu beweisen, während der Angriff dir lieb und teuer ist. Der Misserfolg liegt darin, dass du dich trotzdem schuldig fühlst, obwohl du nicht verstehst, warum.

Ein Kurs in Wundern, T-26.VII.12:2-6

Verträge sind Geschäfte, die wir mit dem Ego abschließen, dem wir uns verbunden fühlen. Es gibt auch Geschäfte mit dem uralten, körperlosen Ego, das wir gemeinhin als Teufel kennen. Wir haben bei traumatischen Erlebnissen, in Notlagen oder in Situationen, die wir nicht meistern zu können glaubten, das Ego um Hilfe gebeten, statt uns mit dieser Bitte an den HIMMEL zu wenden. Das Ego hat uns rasch ein „Geschäft" angeboten, dem zufolge es sich um unser Bedürfnis nach Sicherheit kümmern, unsere Einsamkeit lindern und unsere Gefühle von Unzulänglichkeit und Schwäche wettmachen wollte. Das Ego hat uns gezwungen, unsere vertraglichen Verpflichtungen einzuhalten, während es selbst seine Seite des Handels nur ausgesprochen nachlässig erfüllt hat. Es hat sich entweder einfach nicht gekümmert oder uns dort, wo wir wahre Macht gebraucht hätten, stattdessen Beherrschung geliefert.

Geschäfte mit dem Teufel haben wir auf eine ganz ähnliche Weise und aus denselben Gründen abgeschlossen, aber auch der Teufel wollte seine Seite des

Handels nicht einhalten. Aufgrund der Tatsache, dass die Vertragsbedingungen nicht eingehalten wurden, sind natürlich sowohl die Verträge mit dem Ego als auch die Geschäfte mit dem Teufel null und nichtig, und wir sind von allen Verpflichtungen daraus freigestellt. Im Rahmen der Verträge, die wir mit dem Ego eingegangen sind, haben wir für gewöhnlich Persönlichkeiten angenommen, die dem Ego dienen. Sie spalten jedoch nur unser Bewusstsein, trennen uns von anderen Menschen und sind unwahr, sodass wir auch sie loslassen können. Wir haben auch Persönlichkeiten angenommen, die dem Teufel dienen, und wenn irgendetwas sie zum Leben erweckt, bricht für die Menschen in unserer Umgebung die Hölle los. Wir können unser höheres Bewusstsein bitten, diese Persönlichkeiten aufzulösen. Wenn wir Geschäfte mit dem Teufel eingehen, kann es auch passieren, dass andere Teufel sich als blinde Passagiere an uns klammern oder sich in unserer Aura einnisten. Um andere Menschen von dieser astralen Last zu befreien, bitte ich für gewöhnlich einige meiner FREUNDE AN HÖHERER STELLE darum, sich gemeinsam mit einer Engelschar einzufinden, um diese fehlgeleitete Energie ins Licht zurückzuführen. Das Loslassen unserer Verträge mit dem Ego bewirkt, dass sich chronische Probleme ebenso auflösen können wie die Mauern, die das Ego mithilfe seiner Persönlichkeiten errichtet hat. Unsere FREUNDE AN HÖHERER STELLE können diese Selbstkonzepte und insbesondere die „teuflischen" Persönlichkeiten befreien, die einen so hohen Preis von uns fordern.

Neben der falschen Geisteshaltung und dem Kampf mit GOTT im Stadium der Einheit gehören Verträge mit dem Ego zu den Dingen, die besonders unzugängliche Probleme erzeugen. Diese Verträge mit dem Ego sind Teil nahezu aller Traumen oder chronischen Probleme. Wenn wir das uralte Ego um Hilfe bitten und uns vom HIMMEL, seiner Hilfe und seinem Licht abwenden, können wir unsägliche Not in unser Leben bringen. Dies können wir ganz einfach umkehren, indem wir uns dem Licht wieder zuwenden und uns des HIMMELS und seiner Macht bedienen, um uns von unseren Verträgen mit dem Ego und unseren falschen Entscheidungen zu befreien.

52

Wir sind der Träumer des Traums

> Diese Welt ist voller Wunder. Sie stehen in leuchtendem Schweigen neben jedem Traum von Schmerz und Leiden, von Sünde und von Schuld. Sie sind des Traums Alternative, die Wahl, Träumer zu sein, statt die aktive Rolle bei der Erfindung des Traumes zu verleugnen.
>
> *Ein Kurs in Wundern*, T-28.II.12:1-3

Wir leben in einer Traumwelt voller Illusion, Schmerz, Leiden, Sünde und Schuld. Wir erleben Krieg, Erdbeben, Waldbrände und Überschwemmungen. Alle diese Dinge sind ein schlechter Traum. Wir haben uns in unseren Träumen geirrt. Wir haben uns geirrt, als wir uns dafür entschieden haben, nach wertlosem Tand zu suchen. Wir irren uns, wenn wir uns selbst gegenüber leugnen, dass wir der Träumer sind. Wir irren uns in dem Schmerz, der von unseren Träumen herrührt. Wir irren uns in dem Ego, das wir infolgedessen aufbauen, und wir irren uns darin, anderen Menschen die Schuld an den Wirkungen unserer eigenen Traumentscheidungen zu geben. Wir sind der Träumer des Traums, und wir können ihn so gestalten, wie wir es möchten. In der Opfer- und Mangelsituation, in der wir uns befinden, braucht es ein hohes Maß an Bewusstheit, um zu verstehen, dass wir uns stattdessen für ein Wunder entscheiden können.

Wunder sind die Alternative zu unserem Schmerz und unserem Mangel. Es sind diese Wunder, die uns an unseren unermesslich großen Wert erinnern. Es sind diese Wunder, die uns an GOTTES LIEBE zu uns erinnern. Wunder sparen uns Zeit bei der Erfüllung des Lehrplans unserer Seele und auf unserem Weg zurück zum Erwachen. Wenn wir uns dazu bekennen, dass wir den Traum erfunden haben, gehen wir zudem einen großen Schritt voran. Dies ist der Zeitpunkt, an dem wir den Himmel um das Wunder bitten können, das die selbstzerstörerischen Entscheidungen aufhebt, die wir getroffen haben. Der Himmel hat uns das Wunder immer bereits gewährt, sodass wir uns dafür entscheiden können, es zu empfangen. In *Ein Kurs in Wundern* heißt es, dass wir ein Anrecht auf Wunder haben. Wir wollen allen Groll durch Vergebung bereinigen. Dazu gehört natürlich auch die Selbstvergebung, weil wir Autor des Traums sind. Sobald wir unseren Groll bereinigt haben, fällt es uns leicht, um ein Wunder zu bitten und zu glauben, dass wir es verdient haben. In *Ein Kurs in Wundern* heißt es, dass wir, sobald wir die volle Verantwortung für das übernehmen, was geschehen ist, es sofort dem Heiligen Geist übergeben können, damit es aufgehoben wird.

53

Die geistige Perspektive

> Wunder befähigen dich, Kranke zu heilen und Tote zu erwecken, weil du Krankheit und Tod selbst gemacht hast und daher beide abschaffen kannst. *Du* bist ein Wunder, fähig, nach dem Ebenbild deines Schöpfers zu erschaffen. Alles andere ist dein eigener Alptraum und existiert nicht. Nur die Schöpfungen des Lichts sind wirklich.
>
> *Ein Kurs in Wundern*, T-1.I.24:1-4

Eigenverantwortung und der Blick auf unser Leben aus einer geistigen Perspektive kommen zu ein und demselben Schluss: Wir sind unschuldig. Eigenverantwortung stellt fest, dass wir alle verantwortlich sind, dass aber niemanden eine Schuld trifft. Eine geistige Perspektive erkennt, dass wir nach wie vor und allezeit so sind, wie Gott uns geschaffen hat – ewiger, reiner Geist, der in Gottes Abbild als Unschuld, Liebe und Grenzenlosigkeit geschaffen wurde. In unserem Verlangen danach, besonders zu sein, mussten wir uns als getrennt träumen. In diesem Traum haben wir uns getrennt und sind in die Zeit gefallen. Wir haben unsere ursprüngliche, unveränderbare Identität mit Selbstkonzepten zugedeckt, die aus Schmerz, Ungerechtigkeit und Schuld bestehen. Wir glaubten, uns von Gott und von anderen Menschen trennen zu können.

Ganzheit und Unschuld sind bedeutungsgleich. Wenn wir daran nicht denken, fühlen wir uns schuldig, weil wir an Sünde, Karma und Versagen glauben. Statt diese Emotionen als zerstörerische Konzepte zu benutzen, können wir sie als ungelernte Lektionen betrachten, die wir zu lernen haben, und als Lieder der Trennung, die zu heilen wir aufgefordert sind. Je größer das Trauma, das

Thema oder das Problem, umso größer ist die damit verbundene Lektion. Wenn wir die Prüfung nicht bestehen, können wir sie einfach noch einmal ablegen, statt ein selbstsabotierendes Muster aus Selbstangriff in Gang zu setzen. Wir können diese Prüfungen jederzeit erneut ablegen und so ein höheres Maß an Heilung und Ganzheit erlangen.

Es ist nicht der Plan des HIMMELS, dass wir in irgendeiner Form leiden. Wenn wir glauben, dass GOTT auf Bestrafung und Rache aus ist, messen wir IHM die psychischen Denkmuster und die emotionale Reife eines Vierzehnjährigen bei. Wie kann das die Antwort der HÖCHSTEN KRAFT im Universum sein? Wie kann das LIEBE sein? Barmherzigkeit? Die geistige Perspektive erkennt, dass alles ein Traum ist und dass wir der Träumer sind. Wie alle Träume ist auch dieser Traum eine Form von Wunscherfüllung. Deshalb ist die Vorstellung von Schuld und Sünde in so hohem Maße zerstörerisch. Sie ist ein irregeleiteter Wunsch, mit dem wir uns selbst heimsuchen, indem wir die schmerzhafte Entscheidung treffen, uns als das Opfer eines Täters zu sehen. Unser Gefühl von Schuld und unser Glaube an Sünde verleihen dieser Welt und unserem Ego eine scheinbare Wirklichkeit. Wir bestrafen uns selbst oder glauben auf tiefen Ebenen unseres Bewusstseins, dass, wenn wir uns selbst bestrafen, GOTT sich nicht die Mühe machen muss, es zu tun.

Wir bestrafen uns unaufhörlich selbst. Wenn wir erkennen würden, dass wir nur träumen, könnten wir umdenken und uns fragen, warum wir uns für etwas bestrafen, das in einem Traum geschieht. Dieser Traum ist ein Videospiel, das uns anleiten soll, unseren Weg zurück zum EINSSEIN zu finden. Unser Ego und unser höheres Bewusstsein sind hervorragende Spieler. Das Ego fördert Leiden aus der Vergangenheit zutage, um unseren Schmerz zu vergrößern, weil es sich stärken und uns schwächen will. Das höhere Bewusstsein kümmert es in seinem Streben nach Ganzheit und nach dem HIMMEL nicht wirklich, ob wir einen schönen Tag haben, denn es fördert immer das zutage, was *wir heilen müssen*. Das höhere Bewusstsein hilft uns, den Weg der Heilung zu gehen, und es setzt darauf, dass wir uns selbst befreien. Das höhere Bewusstsein hat Vertrauen in uns und hilft uns mit seiner Führung auf jede nur erdenkliche Weise und bei jedem Schritt, den wir gehen. Wir brauchen nur auf es zu hören. Willst du das Problem, oder willst du die Antwort?

Die folgende Geschichte veranschaulicht eine Reihe von Punkten. Ich habe vor etwa zehn Jahren in Kanada mit einer Frau gearbeitet, die nachts geträumt hatte, dass ihr Mann fremdging. Als sie morgens aufwachte, fing sie an, auf ihn einzuschlagen. Er hatte keine Ahnung, was los war, denn er wusste ja nichts von ihrem Traum, dem zufolge er eine Affäre haben sollte. Sie schien untröstlich. Auch nachdem er ihr versichert hatte, dass er sie und nur sie liebte, war sie tieftraurig und depressiv. Zwei Monate später nahm sie an einem Workshop teil, den ich leitete, und berichtete von dem großen Schmerz, den der Traum in ihr hervorgerufen hatte. Ich erklärte ihr, dass Träume eine Form von Wunscherfüllung waren, und bat sie, einmal so zu tun, als habe sie *gewollt*, dass ihr Mann eine Affäre hatte. Warum sollte sie diesen Wunsch haben? Sie antwortete: „Dann müsste ich nicht mit ihm mithalten."

Ihr Mann besaß ein übergroßes Maß an Energie, und sie hatte sich verausgabt, weil sie versucht hatte, mit ihm Schritt zu halten. Deshalb fühlte sie sich erschöpft. Sie hatte sich irgendwie ausgerechnet, dass sie, wenn er eine Affäre hatte, sich nicht mehr so sehr würde anstrengen müssen, um mit ihm mitzuhalten. Ihr Traum offenbarte also ihren verborgenen Wunsch. Die gleichen irrigen Entscheidungen treffen wir auch im Wachtraum unseres Lebens.

Ich habe im Zusammenhang mit allen möglichen schmerzhaften Ereignissen zahllose Antworten gehört, die von falscher Wahrnehmung infolge einer falschen Entscheidung zeugten. Der HIMMEL will, dass wir die Lektion lernen, die der Lehrplan unserer Seele für uns vorgesehen hat. Auf diese Weise können wir zu einem Gewahrsein unserer selbst als grenzenloser, reiner Geist und zu der Erkenntnis zurückkehren, dass wir uns jenseits von Raum und Zeit und in unserem natürlichen Zustand befinden, in dem jeder Glaube, dass wir ein Körper sind und nur unsere Zeit absitzen, keinen Raum hat. Wenn wir unsere Lektionen lernen und uns im Leben hingeben, sind wir glücklich.

Statt uns der allgemeinen gesellschaftlichen Meinung anzuschließen, dass es nur darum geht, weltliche Dinge zu erlangen, können wir selbst in einer Traumwelt die dunkleren Orte heilen, an denen unsere Träume nicht wahr geworden sind. Wir können uns der Tatsache bewusst werden, dass die heilsamen Träume, die wir wollen, manchmal deshalb noch nicht wahr geworden sind, weil die dunklere Fassung auf einer bestimmten Ebene in Wirklichkeit genau das ist, was wir wollen. Dieses Bewusstsein bewirkt Heilung. Wir sind aufgefordert, uns selbst zu transformieren, wenn etwas in unserem Leben fehlt – vor allem unsere Beziehung zu GOTT. Wir sind aufgefordert, die mehr oder weniger tief verborgenen Anteile unseres Bewusstseins zu finden, die Alpträume verursachen. Dann sind wir aufgefordert, sie zu verändern. Wir können unsere Träume durch unsere Entscheidungen verändern. Wir können sie dadurch verändern, dass wir die falschen Entscheidungen finden, die unsere schlechten Träume verursacht haben. So können wir sie loslassen, um uns von Schmerz und Dunkelheit zu befreien.

Die geistige Perspektive erkennt, dass wir die volle Verantwortung für unser eigenes Leben tragen und dass kein Mensch schuldig ist. Wir tragen auch die volle Verantwortung für das Leben der Menschen in unserer Umgebung, denn auch sie sind GOTTES Kinder. Auf der unbewussten Ebene ist die Welt ein einziger großer Spiegel. Darum ist Vergebung so wichtig. Jeder Akt der Vergebung, jeder Akt der Heilung und jede Form von Großzügigkeit, die wir mit anderen Menschen teilen, ist etwas, das wir in Wirklichkeit auch uns selbst schenken.

Das Ego investiert in Schwäche. Da wir uns auf seine Seite gestellt haben, haben wir unsere Macht und infolgedessen auch unsere Verantwortung vergessen. Das Ego will, dass wir Opfer sind. Es ist seine Methode, Trennung zu erzeugen und seine Macht auszubauen. Jeder Akt der Trennung erzeugt Schuld, und diese Schuld hält uns in der Trennung fest. Trennung führt uns von unserer Sündenlosigkeit fort. Um das EINSSEIN in uns zu finden, müssen wir unsere Unschuld finden und erkennen, dass das Leben dazu da ist, Lernerfahrungen zu machen. Das Leben war nie der Ort zerschlagener Träume und dunkler Lektionen, zu dem wir es oftmals gemacht haben. Das ist das, was das Ego will. Es will zahllose Möglichkeiten, um Schuld beispielsweise durch Unterdrückung und Verdrängung, Projektion, Urteile, Schuldzuweisung und Groll zu verbergen. Diese Dinge erhalten sowohl die Trennung als auch das Ego am Leben. Das Ego will uns und andere Menschen bestrafen, was unsere Schuld noch vergrößert. Es will Urteile, Angriff und Selbstangriff, um die Trennung zu verkünden und seine Macht auszubauen. Entwicklung geht mit einem immer höheren Maß an Verstehen und Eigenverantwortung, Akzeptanz und Integration, Verbindung und Vergebung einher.

Auf der tiefsten Ebene der geistigen Perspektive ist unser Fall aus dem Zustand des EINSSEINS niemals geschehen. Was EINS ist, kann nicht getrennt oder geteilt werden. Das ist die große Illusion, und die Wahrheit ist schlicht, dass wir uns nach wie vor im EINSSEIN befinden. Wir haben die Ewigkeit niemals verlassen, obwohl wir geträumt haben, dass wir es getan haben. Nun leben wir in einer Traumwelt, die aus Trennung gemacht ist. Es ist eine illusionäre Welt, die nicht wirklich existiert. Die SCHÖPFUNG entstammt der LIEBE, nicht der Zerstörung, die von Trennung herrührt. Wenn GOTT sie nicht geschaffen hat, existiert sie nicht.

Je weiter unsere Heilung voranschreitet, umso mehr wachsen unsere Ganzheit und unser Glück. Unser Geist entwickelt sich zur Einheit hin, während unser Herz sich in Liebe und Vereinigung mit anderen Menschen verbindet. Unsere Vergebung löst Illusion um Illusion auf, und Eigenverantwortung lässt uns aus dem Traum erwachen. Kein Mensch ist schuldig, aber wir sind alle verantwortlich. Nicht andere Menschen haben uns etwas angetan, sondern *wir* haben uns dafür entschieden, dass das Leben und andere Menschen uns etwas antun. Es ist eine geheime Absprache, und auf der tiefsten Ebene sehen wir nur uns selbst. Auch wir sind nicht schuldig, denn das würde bewirken, dass wir stecken bleiben und uns selbst bestrafen. Stattdessen können wir die Lektion lernen und den nächsten Schritt gehen. Schuld verstärkt den Fehler und das Problem. Das ist nicht der WILLE eines liebenden GOTTES. Wir sind nicht schuldig, sondern verantwortlich. Jeder von uns empfindet Schuld, aber unser Glaube an Sünde und Schuld steht uns im Weg. Schuld und Sünde sind die großen Illusionen, die uns voneinander und auch von der LIEBE GOTTES trennen.

Wenn wir uns trennen, fühlen wir uns schwach und angstvoll. Das bringt uns dazu, uns und andere Menschen anzugreifen und unsere Angst durch positives Verhalten zu kompensieren. GOTT ist die LIEBE, und ER hat uns als Liebe geschaffen. Angst und der Angriff auf andere Menschen bedeuten dagegen, dass wir uns von unserer wahren Wesensnatur entfernen. Vertrauen heißt, dass wir uns dafür entscheiden, die Kraft unseres Geistes in eine positive Richtung zu lenken. Angst heißt, dass wir die Kraft unseres Geistes in einen Fehler investieren. Unser Angriff auf GOTT führt dazu, dass unsere Angst mit IHM verknüpft wird und wir glauben, einen mächtigen Feind zu besitzen. Wir benutzen unsere Schuld – vor allem unsere chronische Schuld –, um gegen GOTT zu kämpfen und IHM Widerstand zu leisten.

Wir benutzen unser Leiden, um GOTT zu beschuldigen und um zu beweisen, dass ER ein schlechter GOTT ist. Nachdem das Ego IHN mithilfe unseres Leidens angegriffen hat, benutzt es diese Tatsache, um zu beweisen, dass *es* GOTT sein sollte. Unser höheres Bewusstsein möchte dagegen, dass wir allen Groll vergeben, den das Ego aufgebaut hat. Der HEILIGE GEIST, den wir in uns tragen, glaubt nicht an das, was nicht wahr ist, sondern setzt alles für das Gute ein. Wenn du erkennen würdest, dass niemand schuldig ist, nicht einmal du, könntest du deinen Weg zurück zum HIMMEL auf Erden finden, der nur einen kleinen Schritt vom HIMMEL SELBST entfernt ist. Die LIEBE behandelt alle Menschen gleich, denn sie alle sind GOTTES Kinder. Vergebung bringt uns zu unserer eigenen Unschuld und zur Unschuld aller zurück. Den HIMMEL um seine Schau der Dinge zu bitten heißt, alles als vergeben und im Frieden zu sehen. Das bringt uns zum HIMMEL auf Erden voran, der letzten Station vor dem HIMMEL SELBST und der Erkenntnis des EINSSEINS.

Geistige Hilfe ist stets für uns verfügbar. Es kann keine Angst geben, wenn wir begreifen, WER mit uns geht. Es kann keine Schuld geben, wenn wir die GÖTTLICHE PRÄSENZ erfahren. Sie bringt Selbstliebe, die das Gegenteil von Schuld ist. Wenn wir die GÖTTLICHE LIEBE erfahren, verschwinden Leiden und Schmerz. Wir sind aufgerufen, uns daran zu erinnern, WER wir sind. Wir sind aufgerufen, uns an GOTT zu erinnern. Das verkürzt alles, was wir uns selbst angelastet haben, obwohl es durch andere Menschen auf uns gekommen ist. Wir haben dunkle Ereignisse auf uns gezogen, können das, was geschehen ist, aber als Chance nutzen, um frei zu sein und alte Schuld aufzulösen. Die Mauern des Egos beginnen sich aufzulösen, wenn unsere Schuld von uns abfällt. Nur wenn alle Menschen unschuldig sind, werden wir unsere wahre Unschuld erkennen.

54

Eine angemessene Reaktion

Verzeihen ist *immer* gerechtfertigt. Es hat eine sichere Basis. Du vergibst nichts Unverzeihliches, noch übersiehst du einen wirklichen Angriff, der nach Strafe ruft. Die Erlösung liegt nicht darin, dass von dir verlangt wird, auf unnatürliche Art zu reagieren, die für das, was wirklich ist, unangemessen ist. Stattdessen bittet sie nur darum, du sollst angemessen auf das reagieren, was nicht wirklich ist, indem du das, was nicht geschehen ist, nicht wahrnimmst. Wäre Verzeihen ungerechtfertigt, dann würde von dir verlangt, du sollst deine Rechte opfern, wenn du Angriff mit Vergebung erwiderst. Doch wirst du nur gebeten, Vergebung als natürliche Reaktion auf Not anzusehen, die auf Irrtum beruht und somit nach Hilfe ruft. Vergebung ist die einzig gesunde Reaktion. Sie *bewahrt* deine Rechte davor, dass sie geopfert werden.

Ein Kurs in Wundern, T-30.VI.2:1-9

Dieses Zitat aus *Ein Kurs in Wundern* erklärt genau, worin das Wesen der Vergebung besteht. Unsere Illusionen erzeugen Groll. Unsere irrigen Entscheidungen und Wünsche haben gesehen, was wir sehen wollten, um die Vergangenheit vor Heilung zu schützen. Wir projizieren unsere eigene Lieblosigkeit und Schuld auf einen anderen Menschen. Liebe ist die einzig angemessene Reaktion auf den Ruf nach Liebe und Hilfe, den jedes nicht liebevolle Verhalten ausdrückt. Unsere Opferreaktion ist ein Angriff, der sich als Unschuld maskiert. Unter unserem Groll und der Opfersituation, in der wir uns befunden haben, lagen genau die Gaben verborgen, die wir brauchten, um mit Liebe, Mitgefühl und Verstehen zu reagieren und die Situation zu transformieren. Der HEILIGE GEIST steht stets bereit, um Wunder zu bringen, indem ER das, was falsch ist, von dem trennt, was wahr ist. ER urteilt nicht wählerisch, sondern allumfassend. Dies ist die Gabe des Urteils, die der HEILIGE GEIST bringt und die in Wirklichkeit die Fähigkeit zur Unterscheidung ist.

Wir haben den Hilferuf eines anderen Menschen benutzt, um uns zu trennen, uns zu verstecken und in rechtschaffener Empörung – und oft um den Preis furchtbaren Leidens – unser Ego aufzubauen. Nun fürchten wir uns vor der Liebe und dem Erfolg, die heilen, denn je näher sie uns kommen, umso mehr fördern sie den Schmerz zutage, den zwar das Ego dissoziiert, aber dennoch nur in uns eingeschlossen hat, damit wir ihn loslassen können. Wir verknüpfen diesen Schmerz jedoch häufig mit Nähe, Erfolg und Empfangen, was dazu führt, dass wir vor diesen glücklichen Gaben zurückschrecken. Das Ego versucht, unsere mangelnde Bewusstheit für das, was wirklich geschieht, auszunutzen, und rät uns, unabhängig zu bleiben, weil wir Liebe und Erfolg nicht wirklich brauchen. Dazu müssen wir unseren Groll und unsere Angst vor dem nächsten Schritt aufrechterhalten, weil sie Erfolg und Nähe einschränken. Wenn wir uns selbst überwinden und erkennen würden, wie tief der Schmerz und wie extrem groß manchmal auch die seelischen Qualen waren, die der Täter durchgemacht hat, dann könnten wir vortreten und mit Liebe, Verstehen, Mitgefühl und Einfühlsamkeit reagieren. Dies würde die Verletzung des Täters heilen und sowohl ihm als auch uns Freiheit, Trost und Verbundenheit bringen. Du wirst niemals mit einer Situation konfrontiert, in der du nicht die notwendigen Gaben besitzt, um sie zu transformieren, und der HIMMEL steht stets bereit, um dir zu helfen.

55

Die geistige Schau

Du siehst die Welt, die du gemacht hast, aber du siehst dich selbst nicht als den Bildermacher.
Ein Kurs in Wundern, Ü-I.23.4:1

Die Schau hält bereits einen Ersatz für alles bereit, was du jetzt zu sehen vermeinst.
Ein Kurs in Wundern, Ü-I.23.4:4

„Mein Geist erschafft die Welt", sagt Buddha. Er sagt auch, dass wir, um zu ERWACHEN, nichts begehren und nichts Widerstand leisten dürfen. Diese Begierden sind die trügerischen Begierden der Illusion. Es sind die äußeren Dinge, die uns vom ERWACHEN ablenken und zu Ernüchterung, Herzensbruch, zerschlagenen Träumen und Groll führen. Alle diese Dinge lenken uns noch mehr ab und binden uns daran, unser Glück in der Welt zu suchen. Das führt natürlich zu weiteren Verletzungen und weiterer Enttäuschung. Jedes Urteil über andere Menschen und die Welt ist Widerstand, und das bedeutet, dass wir ein hohes Maß an Urteilen und Widerstand in uns tragen, die das Problem weiter verstärken.

Das bedeutet, dass alle Emotionen und aller Groll geheilt und durch die Wahrheit ersetzt werden müssen. Wir brauchen die Gefühle der Liebe und der Dankbarkeit, damit Wohltaten alles sind, was von der Vergangenheit bleibt. Wenn die Dunkelheit ausgelöscht ist, bleiben nur tiefer Frieden und Liebe in der

Gegenwart sowie eine leuchtende Zukunft. Alles, was wir der Vergangenheit zur Last legen, verbirgt unsere Schuld und erschafft eine angsteinflößende Zukunft, sodass die Gegenwart und ihre Pforte zur Ewigkeit für uns verloren sind. Die geistige Schau zu erlangen heißt, alle äußeren Bedürfnisse aufzugeben, sodass es nichts gibt, was wir bekommen müssen. Ohne den Groll, die Urteile, den Schmerz und die Identität, die das Ego benutzt, um sich am Leben zu erhalten, fällt die Welt, wie wir sie kennen, als Versuchung und auch als Täter fort. Sie kann nicht existieren.

Dann wird die Welt, wie wir sie sehen, durch ein Paradies ersetzt, durch eine glückliche, wohlwollende Welt, die *Ein Kurs in Wundern* die „wirkliche Welt" nennt. Es ist die freudige Welt des HIMMELS auf Erden. Es ist eine lichterfüllte Welt, die unser inneres Licht widerspiegelt, das nun sichtbar ist, nachdem wir uns nicht mehr nur als Körper oder durch einen Körper gebunden betrachten. Die wirkliche Welt kann durch Heilung und Vergebung erlangt werden, bis wir zu der Ganzheit gelangen, die unsere ursprüngliche Heiligkeit ist. Ich weise in diesem Zusammenhang immer wieder gerne darauf hin, dass die modernen englischen Wörter *whole* (ganz, heil), *heal* (heilen) und *holy* (heilig) etymologisch aus derselben frühen Wurzel hervorgegangen sind. Sie deuten auf die Aufhebung aller Trennung und die Rückkehr aller Anteile zur ursprünglichen, vollständigen Form hin.

Wenn wir uns und alle anderen Menschen als unschuldig sehen und unsere Heiligkeit erfahren, dann öffnen wir uns für die geistige Schau. Wenn wir so sehr lieben, dass der Körper und die Welt fortfallen und wir nur Licht erfahren, oder wenn wir uns mit einem anderen Menschen so tief verbinden, dass wir sein inneres Licht erfahren, oder wenn wir über die dunklen Selbstkonzepte hinausgelangen, die das Ego in uns aufrechterhält und stattdessen unser inneres Licht finden, dann öffnen wir uns für die wirkliche Welt.

Wir sind der Bildermacher. Die Bilder, die wir gemacht haben, sind aus unseren Entscheidungen entstanden. Es sind die ausgewählten Bilder, die aus unserer Erfahrung und aus unseren Gedanken geboren werden. Es sind unsere Entscheidungen und unsere Wünsche, bei denen es sich um Entscheidungen in Bezug auf das handelt, was wir wollen. Es sind unsere Glaubenssätze, bei denen es sich um alte, statische, fortlaufende Entscheidungen in Bezug auf das handelt, was wir wollen. Über unsere Gedanken hinauszugelangen und frei vom Denken zu werden heißt, die vollkommene Welt zu erreichen und mit der geistigen

Schau zu sehen. Vollkommene Eigenverantwortung ist ebenfalls ein Weg, um zur geistigen Schau zu kommen. Vollkommene Eigenverantwortung bedeutet, dass wir allen Groll und alle Emotionen aufgeben, die von unseren Urteilen und Angriffsgedanken herrühren. Wir lassen die Vergangenheit vollkommen los. Wir erkennen uns selbst als den Bildermacher bei allem, was uns widerfährt, und allem, was in der Welt geschieht. Wir entscheiden uns dafür, das Licht wahrzunehmen. Wir entscheiden uns dafür, unsere Fehler loszulassen und das, was falsch und unwirklich ist. Wir bitten um die Wunder, die Dunkelheit und Mangel auflösen. Sie sind der Schlüssel zur geistigen Schau und zum ERWACHEN.

56

Das Geheimnis der Erlösung

Das Geheimnis der Erlösung ist nur dies: dass du dir dieses selber antust. Der Form des Angriffs völlig ungeachtet ist dies dennoch wahr. Wer immer auch die Rolle von Feind und von Angreifer übernimmt, dies ist trotzdem die Wahrheit. Was immer auch die Ursache von irgendeinem Schmerz und Leiden, das du verspürst, zu sein scheint, dies ist dennoch wahr. Denn du würdest gar nicht auf Figuren reagieren in einem Traum, von dem du wüsstest, dass du ihn träumst. Lass sie so hasserfüllt und so bösartig sein, wie sie nur wollen, sie könnten keine Wirkung auf dich haben, es sei denn, du versäumtest zu begreifen, dass es dein Traum ist.

Ein Kurs in Wundern, T-27.VIII.10:1-6

Was uns erlöst, ist die Erkenntnis, dass alles, was uns widerfährt, deshalb geschieht, weil wir uns dafür entschieden haben. Wir haben bei unseren Entscheidungen viele Fehler gemacht. Danach haben wir den Fehler gemacht, unsere Entscheidungen vor uns selbst zu verbergen, weil wir uns schuldig gefühlt haben. Das macht es wesentlich schwieriger, sie aufzuspüren und zu heilen. Wir können das Leben als ein gigantisches Videospiel sehen, in dem wir vorankommen und die höchste Ebene erreichen wollten. Wenn wir die höchste Ebene erreichen und lernen, das Spiel meisterhaft zu spielen, werden wir auf einen Weg geführt, der uns erlaubt, das Spiel zu verlassen. Wir sind nicht länger in einem Gefängnis gefangen, das wir selbst errichtet haben. Jetzt sind wir in einen Traum verstrickt, für den wir uns entschieden haben, und wir entscheiden uns auch dafür, ihn weiter zu träumen. Doch wir können stattdessen erwachen.

Was uns im Traum dem Erwachen nahe bringt, ist die Erkenntnis, dass wir träumen. Wir können erwachen, wenn wir die vollkommene Verantwortung für alles übernehmen, was uns in der Vergangenheit widerfahren ist, und auch für alles, was jetzt geschieht. Das ist der schnelle Weg, um aus dem Traum zu erwachen, auch wenn wir ihn in gewisser Weise nach wie vor träumen wollen, wie die Tatsache beweist, dass wir ihn nach wie vor träumen. Was uns dem Erwachen ebenfalls nahe bringt, sind Liebe und Freude, Vergebung und Heilung, Hilfsbereitschaft und die Erfüllung unserer Lebensaufgabe, unser Beitrag zur Erlösung der Welt und das Bekenntnis zu unserer Bestimmung und unserer Identität als reiner Geist.

57

Wenn Selbste sterben

> Für das Ego ist nur wertvoll, was es nimmt. Und das führt zum *vierten* Gesetz des Chaos, das wahr sein muss, wenn man die anderen akzeptiert. Dieses scheinbare Gesetz ist die Überzeugung, dass du hast, was du genommen hast. Dadurch wird der Verlust des anderen dein Gewinn, und so wird nicht wahrgenommen, dass du nie jemandem etwas nehmen kannst als dir.
>
> *Ein Kurs in Wundern*, T-23.II.9:1-4

Wenn wir einen Schock, einen Verlust oder ein Trauma erleiden, das wir nicht heilen, kann es passieren, dass das Selbst stirbt, das zu dieser Zeit in unserem Bewusstsein das Sagen hatte. Manchmal kann es sogar passieren, dass mehrere Selbste sterben. Das setzt ein selbstzerstörerisches Muster in uns in Gang, das mit Verlust, Schmerz und Schuld angefüllt ist. Stelle dir vor, dass du aus Schmerz in deinem Haus einen Draht durchschneidest. Stelle dir dann vor, dass mehrere schmerzhafte Ereignisse dich dazu bringen, mehrere Drähte zu durchschneiden. Wie gut würde dein Haus jetzt noch funktionieren? Bei uns ist es nicht anders. Wir durchschneiden Drähte in unserem Herzen, unserem Geist und unserem Körper, was zur Folge hat, dass wir wesentlich weniger effektiv funktionieren.

Unser Körper ist eine Metapher für unseren Geist. Wir tragen Selbste in uns, die gestorben sind. In den Bereichen unseres Körpers, in denen wir sie begraben haben, werden sie dann zum Risiko für unsere Gesundheit. Wenn wir innere Drähte durchtrennen, verringert sich unsere Lebensenergie. Wir haben nicht mehr das hohe Maß an „Saft und Kraft", das wir einmal hatten, und auch unser Leben wird zunehmend saft- und kraftlos. Wir können uns sogar so weit zurückziehen, dass wir nur noch halb lebendig sind. Dies war der Fall bei einer Nonne, mit der ich einmal gearbeitet habe. Sie hatte ihren Lehrer verloren, den sie sehr verehrte. Er war nicht nur ihr Mentor, sondern auch eine innig geliebte Vaterfigur für sie gewesen. Ich fragte sie, zu wie viel Prozent sie noch an ihrem Lehrer festhielt, und ihre Antwort lautete: „Zu achtzig Prozent." Daraufhin führten wir ein Rollenspiel durch, bei dem ein Teilnehmer ihren Lehrer und ein anderer Teilnehmer den HIMMEL verkörperte. Ich erklärte ihr, dass ihr Mentor zu den besten Gaben gehörte, die der HIMMEL ihr jemals gegeben hatte, dass das Maß, in dem wir an etwas festhalten, aber dafür sorgt, dass wir uns vom Leben abwenden. Ich sagte, dass es ihrem Lehrer nicht gefallen würde, wenn er wüsste, dass sie ihn benutzte, um sich zurückzuhalten. Eine der besten Gaben, die sie dem HIMMEL geben konnte, bestand darin, *ihn* dem HIMMEL zurückzugeben. Dadurch würde er in ihrem Herzen weiterleben, und sie würde manchmal sogar spüren, dass sie sein Lächeln lächelte. Allein ihr Festhalten verhinderte, dass sie seine Präsenz spüren oder ihm die Möglichkeit geben konnte, mit ihr zu kommunizieren. Selbst wenn er seinen Körper verlassen hatte, konnte er mit ihr in Kontakt treten. Das veranlasste sie, ihn dem HIMMEL zurückzugeben. Anschließend fragte ich sie, wie viele ihrer eigenen Selbste infolge seines Todes gestorben waren.

„Dreißig", erwiderte sie.

Ich fragte sie, wo sie diese Selbste begraben hatte, und sie antwortete: „In meinem Herzen." Wir führten ein Rollenspiel durch, bei dem ein Teilnehmer ihren Lehrer und ein weiterer Teilnehmer die Selbste verkörperte, die sie begraben hatte, indem er sich auf den Boden legte. Vorher gab sie ihren geliebten Lehrer dem HIMMEL zurück, der von einem dritten Teilnehmer verkörpert wurde. Der Prozess des Loslassens ist besonders wichtig, denn wenn wir nicht loslassen, wenden wir uns dem Tod zu. Anschließend kniete sie neben dem Teilnehmer nieder, der ihre toten Selbste verkörperte, um ihnen den heiligen Atem des Lebens einzuhauchen und sie zu lieben, bis sie herangewachsen waren, wieder mit ihr verschmolzen und so die inneren Drähte neu verbanden, die sie durchschnitten hatte.

Immer wenn ich in einem Workshop oder in einer Einzelsitzung mit jemandem arbeite, der einen ihm nahestehenden Menschen verloren hat, helfe ich ihm zuerst, die betreffende Person loszulassen. Dann frage ich ihn, wie viele Selbste durch den Verlust oder Schmerz gestorben sind. Anschließend helfe ich ihm, die gestorbenen Selbste wieder zum Leben zu erwecken, sie zu lieben, bis sie zu seinem jetzigen Alter herangewachsen sind, und sie dann zu integrieren. Nach dem Loslassen ist dies der nächste wichtige Schritt, weil gestorbene Selbste eine große zerstörerische Wirkung entfalten, wenn wir uns nicht so rasch wie möglich mit ihnen befassen.

58

Götzen überwinden

Doch Götzen teilen nicht miteinander. Götzen nehmen an, aber geben nie zurück. Man kann sie lieben, aber sie können nicht lieben. Sie verstehen nicht, was ihnen angeboten wird, und jede Beziehung, in die sie Einlass finden, hat ihre Bedeutung verloren. Die Liebe zu ihnen hat die Liebe bedeutungslos gemacht. Sie leben im Geheimen, hassen das Sonnenlicht und sind glücklich in der Dunkelheit des Körpers, wo sie sich verstecken und ihre Geheimnisse zugleich mit sich versteckt halten können.

Ein Kurs in Wundern, T-20.VI.3:1-6

Götzen – die falschen weltlichen Götter, von denen wir glauben, dass sie uns glücklich machen oder erlösen können – zu überwinden heißt, einen sehr hohen Bewusstseinszustand zu erreichen. Götzen zu überwinden heißt zu erkennen, dass unsere Bedürfnisse nur Illusionen sind und dass wir nur ein Bedürfnis haben, nämlich das Bedürfnis nach GOTT. Auf diese Weise geben wir Bedürfnisse und Anhaftungen und folglich auch Schmerz und Groll auf. Uns von Götzen und Groll zu befreien heißt, uns von unserem Ego ebenso zu befreien wie von unserem Verlangen danach, durch Urteile, Schmerz und Trennung eine Identität aufzubauen. Auf diese Weise überwinden wir endlich den Teufelskreis aus Götzen, Bedürfnissen, Schmerz und Ego und heben ihn auf. Das bringt uns die Fülle und auch einige der wunderbaren Gaben zurück, die wir verloren hatten. Wir gelangen zurück zu einem tieferen Gefühl der Einheit mit ALLEM, WAS IST. Unser Geist wird geeint, und die Welt tut es ihm gleich. Außerdem erschließt sich das Bewusstseinsstadium der Vereinigung, in dem wir immer wieder vergeben, um Unschuld und Freude in der ganzen Welt wiederherzustellen. Dadurch stellen sich die Liebe und die GÖTTLICHE LIEBE ein, und unser einziger Wunsch besteht darin, Zeit in der GÖTTLICHEN PRÄSENZ zu verbringen. Wenn es noch weltliche Dinge gibt, die wir wollen, haben wir noch nicht alle Götzen vollständig aufgegeben. Bis dahin sind wir an die Wahrnehmung dieser Welt gebunden, statt die Welt hinter dieser Welt zu sehen, die der Liebe, der Welt des HIMMELS auf Erden nachgebildet ist.

Der Teufelskreis aus Götzen, Bedürfnissen, Schmerz, der Opferrolle und dem Ego steht wie eine Mauer, die dazu dient, diese Welt der Trennung am Leben zu erhalten. Ein Gedicht des persischen Mystikers Rumi spricht davon, dass wir in einer Götzenwelt gefangen sind und was es bedeutet, über sie hinauszugelangen. Rumi fragt, wie lange wir uns noch etwas aus dem glitzernden Tand dieser Welt machen wollen, der uns ablenkt und den wir wie ein Müllmann sammeln. Dies ist eine Form von Gier, die uns, selbst wenn wir ihr nur eine Sekunde lang nachgeben, in einen engeren Käfig sperren kann. Rumi rät uns, zu einem leidenschaftlichen Liebenden GOTTES zu werden. Die, die es sind, brennen mit einer Leidenschaft, von der wir nur träumen können. Die leidenschaftlichen Liebenden GOTTES wissen bisweilen um einen Frieden, den wir für nicht möglich halten.

59

Denn alles muss dem Sinn und Zweck dienen, den du ihm gabst

> Denn alles muss dem Sinn und Zwecke dienen, den du ihm gabst, bis du einen andern Zweck darin erblickst.
>
> *Ein Kurs in Wundern*, Ü-I.128.2:2

Dieser Satz erklärt kurz und prägnant, was Eigenverantwortung ist. Wir besitzen das Unterbewusstsein und das Unbewusste, damit wir unsere Entscheidungen und unser Handeln vor uns selbst verbergen können. Das tun wir, weil wir ein bestimmtes positives Selbstbild aufrechterhalten wollen. Täten wir es nicht und würden feststellen, dass eine Entscheidung, die wir getroffen haben, ein Fehler und deshalb nicht das war, was wir wollten, könnten wir einfach eine neue Entscheidung treffen.

Einige unserer frühesten Fehler haben wir unmittelbar nach Anbeginn der Zeit gemacht, als wir aus dem Zustand des EINSSEINS herausgefallen sind. Wir haben weitere Fehler gemacht und sind immer tiefer gefallen, haben einen Ort gesucht, an dem wir uns verbergen konnten, einen Ort, an dem wir GOTT aussperren und Gott in unserer eigenen Welt sein konnten. Wir haben uns vom Licht abgewandt. Wir haben die Gaben GOTTES tief in unserem Bewusstsein verborgen. Wir haben eine negative Entscheidung nach der anderen getroffen, uns paradoxerweise immer weiter vom Licht und vom WILLEN GOTTES entfernt und uns stattdessen in die Knechtschaft des Egos begeben. In unserem

Verlangen, uns zu trennen und unsere eigene Identität zu erschaffen, haben wir angefangen, uns selbst als unser Ego zu sehen.

Wir treffen in jedem Leben auf positive und negative Muster, die wir durch unsere Entscheidungen in Gang gesetzt haben. Manchmal identifizieren wir uns mit dem Ego und manchmal mit dem höheren Bewusstsein. Wenn wir anderen Menschen vergeben, die in einem modernen Bühnenbild lediglich unser eigenes Handeln in der Vergangenheit ausagieren, befreien wir sie und uns selbst. Anderen Menschen zu vergeben heißt, uns selbst zu vergeben. Bei den Dingen in unserem Leben, die uns scheinbar blockieren und zuwiderlaufen, handelt es sich in Wirklichkeit um die alten Muster und uralten Identitäten, die erneut in Erscheinung treten. Die Drehbücher, die wir sowohl in jüngerer Vergangenheit als auch in der uralten Vergangenheit in Gang gesetzt haben, steigen zur Oberfläche unseres Bewusstseins und unseres Lebens empor. Deshalb tragen wir die vollkommene Verantwortung für alles, was geschieht. Wir können es entweder jetzt heilen und überschreiten oder der Wirkung dessen, was wir in Gang gesetzt haben, erliegen und so unseren Schmerz weiter verstärken.

Die Negativität, die wir in Gang gesetzt haben, arbeitet jetzt gegen uns, während wir versuchen, neue und bessere Entscheidungen zu treffen. Deshalb treten in unserem Leben jetzt dunkle Muster zutage, die unser Ego benutzt, um uns aufzuhalten. Auch wenn die schmerzhaften Ereignisse, die in uns hochkommen, nicht angenehm sind, können wir sie nutzen, um Heilung zu erlangen und die Gaben zu entdecken, die unter dem Schmerz verborgen liegen. Wir überwinden die alten und uralten Fallen, indem wir jetzt die Lektion lernen und die Prüfung bestehen. Wir können mit einer Reaktion durch sie hindurchgelangen, die wahrhaft heilt, und so die Lektion lernen.

Wir können eine schamanische Prüfung bestehen, indem wir alles riskieren und alles geben. Wir können aber auch den mühelosen Weg gehen und den Himmel um Hilfe bitten. Eine Meisterschaftsprüfung, die uns in die Knie zwingen würde, wenn wir sie nicht bestehen, kann *nur* mit der Hilfe des Himmels bestanden werden. Wir brauchen ein Wunder, um erfolgreich zu sein. Alle darauffolgenden höheren Prüfungen können wir nur mithilfe von Gnade und Wundern bestehen. Auf unserem weiteren Weg stellen wir uns außerdem unserer verborgenen falschen Geisteshaltung, die uns dazu gebracht hat, uns in unserem Kampf mit Gott vom Licht abzuwenden. Bei diesem Akt der Trennung haben wir unseren Angriff und Selbstangriff auf Gott projiziert.

GOTT glaubt nicht an Karma, aber wir tun es. GOTT möchte uns an die Unschuld und an die Gaben erinnern, die ER uns bei der Schöpfung gegeben hat und die wir in unserer falschen Geisteshaltung und der Verleugnung GOTTES und unseres Erbes vergraben haben. ER erinnert uns auch daran, dass ER mit uns geht, sodass es nichts zu fürchten gibt. Was wir verleugnet haben, kann nun in einer neuen Ausrichtung und neuer Unschuld angenommen und integriert werden. Was GOTT uns gegeben hat, kann nicht verloren gehen. Es kann nur verborgen werden. Heilung ist GOTTES Antwort auf unsere irrigen Entscheidungen. Wenn wir uns wieder zu unseren Gaben bekennen, spüren wir die Berührung CHRISTI, die uns daran erinnert, dass wir nach GOTTES Bild und Gleichnis und mit all SEINER LIEBE und Macht geschaffen wurden. Sie brauchen wir, um unseren Mitbrüdern zu helfen, sich aus den Ketten ihrer illusionären Glaubenssätze zu befreien, in denen wir bis vor kurzem alle gelegen haben. Wir können uns GOTT also von neuem zuwenden, um SEINE LIEBE und SEIN *Hingeben* zu spüren, das stets SEINE Vergebung war. Im GEIST GOTTES sind wir nach wie vor eins mit IHM. Wir sind SEINE geliebten Kinder. Doch wir sind in einem entsetzlichen Traum gefangen, einem Traum, in den ER den HEILIGEN GEIST gesandt hat, um uns leise aufzuwecken.

Was GOTT geschaffen hat, kann nicht verändert werden, aber wir haben uns in unserem Traum von Rebellion vorgestellt, dass wir genau das getan haben. Deshalb *scheint* es so, dass wir uns auf einem Weg befinden, der zu der LIEBE zurückführt, die GOTT ist, und dabei Illusion um Illusion heilen, bis wir mit den Augen CHRISTI schauen können. Dort sehen wir das Licht in unserem Partner, das das EINSSEIN ist. Wir entdecken das Licht in uns selbst und erkennen, dass wir sind, wie GOTT uns geschaffen hat – für immer und ewig eins mit IHM. Schließlich finden wir durch Vergebung den Weg zum HIMMEL auf Erden und von dort zum HIMMEL und zu GOTT. Wir brauchen den Weg jedoch nicht Schritt um Schritt zu gehen, wenn wir bereit sind, einfach aus dem Traum in unsere Wirklichkeit hinein zu erwachen, in der GOTT uns geschaffen hat.

Dies kann geschehen, indem wir unaufhörlich nach der Schau CHRISTI streben und darum bitten, sie zu erlangen. Die Bitte, dass ER uns immer stärker berühren möge, damit wir über den Traum hinaus auf die vollkommene Welt schauen können, die uns als Vorbote des EINSSEINS erwartet, kann uns über den schmerzhaften Traum der Welt hinausbringen.

60

Die kommenden Zeiten

> Sieh dich in der Welt um, und sieh das Leiden dort. Ist dein Herz nicht gewillt, deinen müden Brüdern Ruhe zu bringen? Sie müssen auf deine eigene Befreiung warten. Sie bleiben in Ketten, bis du frei bist. Sie können die Barmherzigkeit der Welt nicht sehen, eh du sie nicht in dir gefunden hast.
>
> *Ein Kurs in Wundern*, Ü-I.191.10:7-8,11:1-3

Wir leben in einer zunehmend komplexen Zeit. Dazu gehört auch die globale Erwärmung, in deren Folge das Wetter zunehmend verheerende Schäden anrichten wird. Vor dreiunddreißig Jahren hat mein Kahuna mich eindringlich ermahnt, nur eines zu üben: das Wetter zu verändern. Nicht einmal zehn Jahre später erkannte ich, dass wir auf unserem Entwicklungsweg zur wechselseitigen Abhängigkeit im Rahmen unserer Heilung auch einen grundlegenden Abwehrmechanismus aufgeben würden – das Unterbewusstsein und einen Teil unserer Egoidentität, die wir benutzt haben, um unsere unbewussten Selbstkonzepte zu verbergen.

Alle unsere Persönlichkeiten dienen dazu, eine übereinstimmende Wirklichkeit zu vermitteln, die sich wie eine Betonschicht über das Unbewusste legt. Wir fürchten uns vor dem Unbewussten, weil dort ein enorm hohes Maß an ursprünglichem Schmerz und anderen Emotionen verborgen liegt. Wir fürchten uns vor den sinnbildlichen Dämonen und Drachen, und wir fürchten uns sogar vor den Schätzen, die uns dort erwarten. Die meisten Menschen haben Angst, sich in diesen Bereich vorzuwagen. Dessen ungeachtet werden wir, ob wir es wollen oder nicht, mit der fortschreitenden Entwicklung hin zu Partnerschaft und Gleichgewicht in den kommenden tausend Jahren immer tiefer ins Unbewusste vordringen.

Je weiter wir ins persönliche Unbewusste hineingelangen, umso mehr werden unsere Probleme und Themen auch vom kollektiven Unbewussten und von der astralen Ebene beeinflusst. Dadurch kann aus jedem Problem ein chronisches Problem werden. In dem Maße, in dem wir in unserer Entwicklung voranschreiten, werden auch unsere Gaben und unsere Macht exponentiell wachsen. Wir werden uns in einem Wettlauf der Zusammenarbeit befinden, bei dem es darum gehen wird, auf Ebenen der Heilung und der Verbundenheit zu gelangen, die Erdkatastrophen transformieren oder zumindest abschwächen können, bevor sie eintreten. Auch wenn solche Katastrophen bewirken, dass wir zusammenrücken und einander helfen, gibt es einen besseren, müheloseren Weg.

Zum gegenwärtigen Zeitpunkt sind die meisten Menschen jedoch in Verleugnung gefangen und wollen, dass alles wie gewohnt weiterläuft. Verleugnung funktioniert allerdings nur bis zu einem gewissen Punkt, und wenn dieser Punkt eintritt, wird es zu spät sein. Dann wird es ein böses Erwachen geben. Die beste Strategie besteht darin, unablässig weiter an unserer Heilung zu arbeiten. Sie bringt ein höheres Maß an Frieden und Selbstvertrauen, und sie bewirkt eine Öffnung für die Wunder des HIMMELS, die notwendig sein wird, um grundlegende Themen wie Erdveränderungen oder politische und humanitäre Krisen zu transformieren.

Die Erde ist im Jahr 2012 in den galaktischen Kern eingetreten. Immer wenn dies in der Vergangenheit der Fall war, hat es, durch die immens hohen Gravitationskräfte ausgelöst, auch eine kataklysmische Polverschiebung gegeben. Beim letzten Mal war das Bewusstsein der Menschheit jedoch bereits hoch genug entwickelt, um ein derart zerstörerisches Ereignis abzuwenden. Ereignisse, die vorhergesagt wurden oder mit hoher Wahrscheinlichkeit eintreten, können durch die Kraft des Geistes und die Gnade HIMMLISCHER Wunder verändert werden. Wir können äußere Dinge durch Heilung und Erhöhung des Bewusstseins verändern. Da der Geist aller Menschen verbunden ist, wirkt unser Geist auf den Geist aller Menschen ein.

Es ist an der Zeit, dass wir Verantwortung für uns, unsere Familie, unser Land und unsere Welt übernehmen. Wenn wir es nicht tun, werden wir die Konsequenzen zu tragen haben und müssen die Lektionen auf äußerst schmerzhafte

Weise lernen. Wir entscheiden, was wir mit unserem Geist und unserem Leben anfangen wollen. Wollen wir lernen, Heilung erlangen und Eigenverantwortung übernehmen? Oder wollen wir verantwortungslos, unwissend und gierig handeln und ignorieren, dass Gegenseitigkeit notwendig ist?

Der Frieden und die tiefgreifende Heilung, die er auf persönlichen und kollektiven Ebenen bringt, beginnen bei uns. Der Weg der Heilung ist der Weg der Transformation. Er ermächtigt sowohl uns als auch andere Menschen. Wenn wir nicht im Frieden sind, was geben wir dann an unsere Kinder und Enkelkinder weiter? Wir haben die Wahl. Die Wahrheit ist, dass wir in jedem Augenblick entscheiden, in welche Richtung wir gehen wollen. Wir wenden uns entweder Heilung und Ganzheit oder Urteilen und Trennung zu. Wofür entscheidest du dich? Der HIMMEL steht hinter dir, und du kannst alles verwirklichen, wozu du aufgerufen bist, weil die Gnade es durch dich vollbringt.

61

Die Frage nach Gott

> [Wir wollen] die Bitte an die Wahrheit geben, zu uns zu kommen und uns zu befreien. Und die Wahrheit wird kommen, denn sie war nie von uns getrennt. Sie wartet lediglich auf ebendie Einladung, die wir heute geben.
>
> *Ein Kurs in Wundern*, Ü-I.136.15:2-4

Es gibt noch eine weitere Frage, die du für dich selbst beantworten musst. Sie hat mit der Wesensnatur GOTTES und mit der Frage zu tun, warum es das Böse in der Welt gibt. Nachstehend möchte ich erläutern, wie ich diese Frage für mich beantwortet habe.

In den 1950er und 1960er Jahren habe ich die Bibel gelesen. In den 1970er Jahren habe ich die christliche Lehre um Metaphysik, Schamanismus, Buddhismus, Hinduismus und Sufismus erweitert. Auch heute befasse ich mich noch gelegentlich mit neuen Themen, lese und studiere aber zumeist *Ein Kurs in Wundern*. Der *Kurs* nimmt natürlich eine zutiefst christliche Sichtweise ein, die mit den höchsten Ebenen aller großen Religionen in Einklang steht. Nachdem ich Ende 1977 in beratender Psychologie promoviert hatte, fand ich in *Ein Kurs in Wundern* die Antworten, die mich am tiefsten befriedigten und mit denen ich am stärksten in Resonanz ging. In den letzten zwölf Jahren haben auch die von Daniel Ladinsky übersetzten Werke der mystischen Dichter mich tief im Herzen berührt.

Ein Kurs in Wundern spricht davon, dass dem Prinzip der Logik zufolge Gleiches aus Gleichem hervorgeht. Wenn dem so ist, kann das Böse nicht von GOTT kommen, und das, was in der Welt geschieht, ist nicht GOTTES Schuld. Wenn das Böse nicht der WILLE GOTTES ist, dann ist es eine Illusion, und Illusionen sind Wahrnehmungsfehler, die berichtigt werden können.

Als Jesus gekreuzigt wurde, sagte er: „Vater, vergib ihnen, denn sie wissen nicht, was sie tun." Damit hat er das Böse für alle Zeit ins Reich der Unwissenheit verbannt.

In *Ein Kurs in Wundern* heißt es, dass nichts wirklich ist, was nicht GOTTES WILLE ist. Es ist weder GOTTES WILLE, dass wir leiden, noch ist es unser eigener wahrer Wille. Das Ego will dagegen sehr wohl, dass wir uns fürchten, uns schuldig und unzulänglich fühlen, Schwierigkeiten haben und leiden, weil es diese Zeichen von Trennung benutzt, um seine Macht auszubauen. Wenn Schmerz nicht GOTTES WILLE für uns ist, dann bleibt nur das Ego als Missetäter übrig. Alles, was das Ego tut, legt es GOTT zur Last, aber GOTT schenkt dem Ego keine Aufmerksamkeit, weil es eine Illusion der Getrenntheit ist, die wie alle Illusionen im EINSSEIN GOTTES nicht existiert. GOTT ist die LIEBE und das EINSSEIN, und ER hat uns nach SEINEM Ebenbild geschaffen. In *Ein Kurs in Wundern* heißt es: „Die LIEBE hat uns als Liebe geschaffen." Die FREUDE hat uns als Freude geschaffen. Die WAHRHEIT hat uns als Wahrheit geschaffen. Die GANZHEIT hat uns heilig geschaffen, und da wir von GOTT geschaffen wurden, ist unsere ursprüngliche Wesensnatur unveränderbar. Wir können nur *denken*, dass wir unser Wesen, das reiner Geist ist, in ein Ego und in einen Körper verwandelt haben. Wir können nicht verändern, wer oder was wir dem Wesen nach sind. Das Ego ist die Illusion der Trennung. Wenn wir insgeheim mit ihm gemeinsame Sache machen, um durch Trennung unsere Selbstkonzepte aufzubauen, wird Schmerz in dem „offensichtlichen" Bruch erzeugt.

Wenn wir uns auf die Seite des Egos und der Identität stellen, die wir im heimlichen Einvernehmen mit dem Ego aufgebaut haben, stellen wir uns jedoch auf die Seite von Trennung und Angst, nicht auf die Seite von Liebe und Frieden. Liebe und Freude lösen das Ego, seine Mauern und seinen Groll auf. Das Ego übernimmt weder Verantwortung noch Eigenverantwortung. Stattdessen urteilt es, weist Schuld zu und hegt Groll, und genau dieses Handeln ist es, das Probleme erzeugt. Unser Groll gegen andere Menschen verbirgt unsere Schuld, und wir verbergen die Tatsache, dass wir GOTT alle negativen Ereignisse zur Last legen, die uns im Leben jemals widerfahren sind. Wir sind GOTT gram wegen unseres Leidens, unserer Schwierigkeiten und unserer verlorenen Zeit. Unser

Ego will GOTT sein, und es benutzt den Schmerz und die Dunkelheit in unserem Leben, um zu beweisen, dass GOTT ein schlechter GOTT ist und dass wir seine Stelle einnehmen sollten. Das Ego ist von Schuldvorwürfen erfüllt. Es will, dass wir uns auf seine Seite stellen und uns mit unserem Körper identifizieren, statt zu erkennen, dass unser Körper lediglich ein Werkzeug für unser Wachstum ist. Das Ego will sogar unseren Tod, weil es von Hass und Selbsthass erfüllt ist und seine Macht auf einem Fundament aus Angriff und Selbstangriff aufgebaut hat. Es glaubt, dass unser Körper nicht gut genug für es ist.

GOTT, der unser liebender VATER ist, tut alles, um uns zum HIMMEL zurückzubringen. Er schenkt uns Licht und Wunder, die uns helfen sollen, über die Welt mit ihren Einflüsterungen und ihrem Schmerz hinauszugelangen. Dies geschieht, indem unser Leben zuerst zu einem glücklichen Traum und dann zum HIMMEL auf Erden wird, bis wir schließlich zur Vereinigung mit GOTT gelangen. GOTT vertraut auf uns und mischt sich nicht in unser Leben ein. ER schickt den HEILIGEN GEIST, Wunder und Gnade, die uns helfen sollen, uns zu befreien.

Immer wenn wir ein Problem haben, hegen wir einen Groll gegen einen anderen Menschen. Gleichzeitig hegen wir einen ähnlichen Groll auch gegen GOTT, den wir für gewöhnlich aber viel tiefer verborgen haben. Jeder Mangel, jede Krankheit, jeder Unfall und jedes Problem, das wir haben, ist eine Anklage und ein Angriff auf einen anderen Menschen, uns selbst und GOTT. In *Ein Kurs in Wundern* heißt es, dass wir, wenn wir GOTT für das vergeben, was wir IHM fälschlich zur Last gelegt haben, unzählige Millionen befreien können.

62

Opfer und Trotz

Dunkelheit ist ein Mangel an Licht, so wie die Sünde ein Mangel an Liebe ist.

Ein Kurs in Wundern, T-1.IV. 3:1

Das Wunder beteiligt sich an der SÜHNE, indem es den Geist in den Dienst des HEILIGEN GEISTES stellt. Dies legt die richtige Funktion des Geistes fest und berichtigt seine Fehler, die lediglich ein Mangel an Liebe sind.

Ein Kurs in Wundern, T.1.IV.2:6-7

Immer wenn ein Mensch lieblos handelt, bittet er um Hilfe. Wir stehen nun an einer Wegkreuzung, an der wir entscheiden müssen, ob wir ebenfalls lieblos handeln und sein Verhalten benutzen wollen, um zu urteilen, uns zu trennen, uns zum Opfer machen zu lassen, zurückzuschlagen, uns zu verstecken und unser Ego zu stärken. Der andere Weg besteht darin, uns in seinen Hilferuf einzufühlen und mit Mitgefühl, Verstehen, Barmherzigkeit und Liebe zu ihm hinauszureichen. Wenn wir uns an diesem Ort mit ihm verbinden, geschieht ein hohes Maß an Heilung bei uns beiden, denn der betreffende Mensch agiert alte oder uralte Selbstkonzepte aus, die wir in diesem Leben heilen wollten.

Unterhalb der unterbewussten Ebene liegt im Unbewussten ein enorm hohes Maß an Eigensinn und Trotz verborgen. Wir benutzen unsere Opfererfahrung als Möglichkeit, GOTT zu beschuldigen, weil wir glauben, dass ER uns im Stich gelassen hat, und nicht umgekehrt. Wir hätten SEINE Hilfe und SEINE Wunder empfangen können, aber anstelle von Heilung und Gnade haben wir den Weg des Opferdenkens und der Rollen eingeschlagen und uns dafür entschieden, unser Ego zu stärken. Nun können wir eine neue Entscheidung treffen, in die Zeiten zurückkehren, in denen wir zum Opfer gemacht wurden, und diesmal auf die Hilferufe in unserer Umgebung eingehen, indem wir uns mit den Menschen verbinden, die unsere Hilfe brauchten. So tragen wir das Verstehen und die Liebe in die Situation hinein, die uns neue Verbundenheit bringen.

Wir können GOTTES LIEBE und SEINE Wunder für die Menschen empfangen, die um Hilfe bitten, wenn wir bereit sind, diese Gaben zuerst selbst zu empfangen. Das zeigt, dass GOTT ein guter GOTT ist. Es heilt den verborgenen Trotz, der uns dazu gebracht hat, uns gleich in zwei Gefängnisse zu sperren, nämlich das unseres Körpers und das der Welt. Es befreit uns, weil es uns die Gaben erschließt, die für uns gedacht waren, um andere Menschen aus dem Gefängnis ihres Schmerzes zu befreien. Ihr Verhalten uns gegenüber war kein Zufall. Es war ein ausdrücklich an uns gerichteter Hilferuf und deshalb unsere Chance, einen großen Sprung voranzutun. Das ist es noch immer, wenn wir bereit sind, zu diesen alten schmerzhaften Situationen zurückzukehren und sie durch Heilung zu transformieren.

Das Opfer und die Zwiegespaltenheit

Jedes Opfer trägt tiefe und verborgene Muster der Zwiegespaltenheit in sich. Das Verlangen des Egos nach Trennung existiert seit unserem Fall aus dem EINSSEIN, und es nutzt jede Gelegenheit, sich zu trennen, stärker zu werden und seine Macht auszubauen. Immer wenn wir zum Opfer gemacht werden, wird die Zwiegespaltenheit verstärkt, die von unserem gespaltenen Bewusstsein herrührt, das seinerseits mit jeder Opfersituation entsteht und sich immer weiter verstärkt. Zwiegespaltenheit erzeugt alle möglichen Situationen, die Behinderung, Zerstörung und Verderben zur Folge haben. Zwiegespaltenheit setzt in der Beziehung zu uns selbst, anderen Menschen und dem HIMMEL ein zerstörerisches Muster in Gang. Zwiegespaltenheit erzeugt Not. Unser gespaltenes Bewusstsein geht in unterschiedliche Richtungen. Wir sind ein Haus, das mit sich selbst uneins ist.

Vergebung, Integration und Verpflichtung können einen entscheidenden Beitrag leisten, wenn es darum geht, unser gespaltenes Bewusstsein in neuer Ausrichtung und in der Unschuld zu einen, die es uns ermöglicht, die wiederhergestellte Verbundenheit aufrechtzuerhalten. In dem Maße, in dem Heilung geschieht, wird die Zwiegespaltenheit losgelassen. Alle unsere Selbstkonzepte und Persönlichkeiten besitzen gegensätzliche Anteile, die in unterschiedliche Richtungen gehen und dadurch die Spaltung unseres Bewusstseins und die Zwiegespaltenheit in unserem Leben weiter verstärken. Unser innerer Konflikt erzeugt unsere äußeren Konflikte. Ganzheit allein bringt uns Frieden, Gesundheit, Fülle und Liebe. Ganzheit und Unschuld gehen ebenso Hand in Hand wie Schuld, Angst, Schuldzuweisung und Zwiegespaltenheit. Eine Opfererfahrung erzeugt die Opferrolle und setzt ein Opfermuster in Gang. Das Opfermuster ist ein angstvolles, bedürftiges Muster und genau das Gegenteil der dissoziierten unabhängigen Rolle, die versucht, Angst und Bedürfnisse zu dissoziieren und zu verleugnen. Das Opfermuster, das heimliche Ziele verfolgt und deshalb zugleich ins Unterbewusstsein verbannt wird, läuft also unseren bewussten Zielen zuwider und erzeugt dadurch einen Konflikt, der uns aufhält und behindert.

63

Kreuzigung

Ich kann durch nichts verletzt werden als durch meine Gedanken.
Ein Kurs in Wundern, Ü-II.281

Eine Kreuzigung kann Erfahrungen unerträglicher Seelenqual hervorrufen, die daher rühren, dass wir zwei gleich starke, aber entgegengesetzte Glaubenssysteme in uns tragen. Wir haben das Gefühl, dass wir zwischen den beiden Weltsichten gefangen sind und dass sie uns in gegensätzliche Richtungen zerren. Dies kann traumatische Ereignisse in unserem Leben auslösen, wenn der Schmerz sichtbar wird. Wir nehmen meist an, dass der Schmerz mit dem Trauma begonnen hat, aber in Wirklichkeit haben wir ihn – unsichtbar – bereits in uns getragen. Dieser Konflikt erzeugt auch Angst, weil jede Seite fürchtet, dass ihr Bedürfnis nicht erfüllt und sie mit leeren Händen dastehen wird, wenn die andere Seite die Oberhand gewinnt. Wenn ein Glaubenssystem sich vorwärts zu bewegen scheint, tut das andere Glaubenssystem für gewöhnlich alles, was in seiner Macht steht, um es wieder zurückzuziehen. Die tiefer verborgene Seite, mit der wir uns weniger stark identifizieren, wird nach außen projiziert, sodass es den Anschein hat, dass wir von außen zurückgehalten oder angegriffen werden. Daraus entwickelt sich häufig ein Kampf, der uns zum Stehenbleiben zwingt und zur Folge hat, dass wir inmitten eines Kriegsgebiets schwer verletzt in der Falle sitzen.

Manchmal können beide Glaubenssysteme falsch sein, manchmal ist auch nur ein Glaubenssystem falsch. Das Glaubenssystem des Egos versucht, eine künstliche Dichotomie – einen falschen Konflikt – zu erzeugen, indem es so tut, als sei es das Gegenteil dessen, was wahr ist. Dieser Schachzug bagatellisiert die Wahrheit und reduziert sie auf einen der beiden entgegengesetzten Pole des Konflikts. Betrachten wir beispielsweise den großen Krieg zwischen Liebe und Angst. Nur die Liebe ist wahr, aber das Ego erklärt die Angst zum Gegenteil der Liebe, obwohl die Liebe kein Gegenteil hat. So versucht das Ego, die Liebe zu unterbinden, indem es sie mit einem falschen Konflikt angreift. Das Ego versucht ständig, die Wahrheit zu bagatellisieren oder zu verschleiern. Der Konflikt und die von ihm herrührende Polarität gehören zu seinen bevorzugten Fallen.

Das Ego benutzt Konflikte, um zu polarisieren, aufzuhalten, Furcht einzuflößen und gegen das zu kämpfen, was wahr ist. Das verstärkt die Angst und hält uns davon ab, vorwärtszugehen. Stelle dir vor, dass dein Engel bei jedem Schritt neben dir geht. Du gelangst an diesem Konflikt und an seiner Angst vorbei, bis du einen Punkt erreichst, der weit genug voraus ist und an dem es keine Angst gibt. Dort verschmelzen die beiden Glaubenssysteme miteinander zu neuer Ganzheit und Antwortfähigkeit. Wenn du immer weiter vorangehst, gelangst du über die entsetzliche Seelenqual deiner Kreuzigung und über den Ort hinaus, an dem du gefangen warst.

Manche Menschen tragen Götzen der Kreuzigung in sich, weil sie glauben, dass die Kreuzigung sie erlösen oder glücklich machen kann. Dieser Glaubenssatz wird fast immer verdrängt, weil es wahnsinnig ist, sich bewusst für den Schmerz zu entscheiden. Es ist gut möglich, dass du nicht nur einen, sondern mehrere dieser Götzen in dir trägst. Du kannst dich fragen, wie viele Götzen es sind. Überprüfe nach jeweils drei oder vier Schritten, die du gemeinsam mit deinem Engel gehst, wie viel Götzen noch übrig geblieben sind. Setze die Übung fort, bis du alle Götzen der Kreuzigung losgelassen und einen Zustand der Freude erreicht hast.

64

Die Sicherheit, nach der du suchst

Sicherheit ist das vollständige Aufgeben von Angriff. Darin ist keinerlei Kompromiss möglich. Lehre Angriff in irgendeiner Form, so lernst du ihn, und er wird dich verletzen.

Ein Kurs in Wundern, T-6.III.3:7-9

Die Sicherheit, nach der du außerhalb von dir suchst, ist dort nicht zu finden. Je mehr du versuchst, dich zu schützen, umso verletzlicher fühlst du dich. Deine Sicherheitsmaßnahmen werden sehr rasch zum Gefängnis und engen dein Leben ein. Je umfangreicher deine Sicherheitsmaßnamen werden, umso größer wird deine Angst. Abwehrmechanismen ziehen schon von ihrem Wesen her Angriff auf sich und führen genau das herbei, was sie eigentlich verhindern sollten.

Die Sicherheit, nach der wir suchen, ist weder außerhalb von uns zu finden, noch liegt sie in den Abwehrmechanismen, die zuerst die Angst in uns einsperren und dann – dem Gesetz der Anziehung folgend – angsteinflößende Dinge herbeirufen, um die Abwehrmechanismen einzureißen und die Angst zu befreien. Wenn das geschieht, haben wir die Wahl, ob wir diese Dinge nutzen wollen, um Heilung zu erlangen, oder ob wir lieber eine Opferrolle einnehmen und unser Ego stärken wollen. Was unsere Abwehrmechanismen niedergerissen hat, entspricht dem, was sie in sich eingeschlossen hatten, denn Innen und Außen sind gleich. Unsere Sicherheit liegt in unserer Unschuld, weil es dann nichts gibt, was angegriffen werden kann. Unsere Sicherheit liegt in unserer Wehrlosigkeit, weil es auch dann nichts gibt, was angegriffen werden kann. Unsere Sicherheit liegt darin, Angriffsgedanken aufzugeben, weil es dann wiederum nichts gibt, was angegriffen werden kann.

Unsere Sicherheit liegt darin, nicht das Ego oder das uralte, aus Dämonen, Teufeln und dunkeln Göttern bestehende Ego, sondern den Himmel um Hilfe zu bitten. Es sind die mitfühlenden Götter, die Engel und die Erlöser der Erde, die uns schützen, ohne einen Preis in Form von Schmerz zu verlangen. Das Ego gleicht einem Verbrechersyndikat, das Schutzgeldzahlungen von uns fordert, uns aber nie wirklich schützt – insbesondere nicht vor uns selbst. Es hat sogar ein eigennütziges Interesse daran, dass wir verletzt werden, damit es seine Macht ausbauen und beweisen kann, wie sehr wir es brauchen, um uns zu schützen und für uns zu kämpfen. Wo das Ego sich unseres Bedürfnisses nicht bemächtigt hat, um seine Macht zu vergrößern und Hilfe zu versprechen, die niemals kommt, dort gewährt der Himmel uns alle Hilfe, die wir brauchen. Wir können darum bitten. Der Himmel ist für uns da.

65

Deine Lebensgeschichte verändern

Die Liebe schenkt alles für immer.

Ein Kurs in Wundern, T-24.I.1:3

Wir wollen das Prinzip der Eigenverantwortung, dem zufolge wir das Drehbuch für unser Leben schreiben, auf einer persönlichen Ebene noch einmal näher betrachten. Stelle dir zu diesem Zweck die Frage, ob dir dein Leben so, wie es sich entwickelt, gefällt. Wenn das nicht der Fall ist, dann gibt es ein grundlegendes Muster, an dem du arbeiten solltest – deine Lebensgeschichte. Es mag den Anschein haben, dass tausend verschiedene Dinge auf dich einwirken und du gar kein eigenes Leben hast. In Anbetracht dessen, was in deinem Unterbewusstsein und im Unbewussten vor sich geht, könnte jedoch nichts weiter von der Wahrheit entfernt sein. Du bestimmst über dein Leben. Du schreibst das Drehbuch für deinen Film, in dem du Hauptdarsteller, Drehbuchautor, Regisseur und Produzent bist. Sogar die Nebendarsteller, die in deinem Film mitspielen, stehen für deine eigenen Selbstkonzepte. Sie verkörpern Glaubenssätze über dich selbst, die du aus der Vergangenheit in die Gegenwart übertragen hast. Alles in diesem Traum, den wir als Leben bezeichnen, bist du selbst.

Damit du dein Leben tatsächlich ändern kannst, musst du deine Angst überwinden. Wenn du es nicht tust, tauchen ein Hindernis nach dem anderen und ein Dilemma nach dem anderen auf, um dich am Weiterkommen zu hindern. Die allen Ängsten zugrunde liegende Angst ist die Angst vor Veränderung. Es ist die Angst, dass du, wenn du dich änderst, etwas verlieren könntest, das lebenswichtig für dich ist. Auf der tiefsten Ebene ist es die Angst, dass du einen Teil deiner Identität, einen Teil dessen verlieren könntest, der du zu sein glaubst. Dabei hält genau diese Identität, die dir lieb und teuer ist, dich und uns alle zurück. Du hast deine jetzige Identität buchstäblich um den Preis von Blut, Schweiß und Tränen aufgebaut, aber das Ego ist eine Illusion, die auf Angst, Schmerz, Schuld und Ungerechtigkeit errichtet ist. Es ist als Folge deiner Hartherzigkeit entstanden. Dennoch wird der, der du zu sein glaubst, verteidigt, als ob diese Identität dein kostbarster Besitz wäre. Um dein Leben, das durch deine Lebensgeschichten gestützt wird, ändern zu können, musst du dich zu einer Wahrheit bekennen, die dir und anderen Menschen ein höheres Maß an Barmherzigkeit und Miteinbeziehung entgegenbringt. Das Ego bringt dich dazu, dich im Spiel des Lebens mit ihm zu identifizieren, hat dich gleichzeitig aber quasi aus dem Spiel herausgenommen.

Um dein Leben zu verändern, musst du deine Angst überwinden. Um deine Angst zu überwinden, musst du deine Drehbücher der Angst aufgeben. Du musst alle Dinge aufgeben, die Angst erzeugen. Dazu gehören Angriff und Selbstangriff, Urteile, Verwünschungen, Konkurrenz, Vergleichsdenken und Trennung. Alle diese und viele andere Dinge erzeugen Angst. Wenn du vollkommen wohlwollend wirst, erfährst du auch die Welt als vollkommen wohlwollend. Bis dahin hast du es mit der Angst vor Verlust zu tun, die der Inbegriff deiner Angst ist.

Frage dich, wie viele Geschichten der Angst du in dir trägst. Welche Wirkung haben sie auf dein Leben? Wozu benutzt du sie? Unabhängig davon, welchem Zweck sie dienen, lähmen sie dich und hindern dich daran, rascher und müheloser voranzukommen. Du kannst dich dafür entscheiden, deine Angst loszulassen. Du kannst darum bitten, dass deine Geschichten der Angst durch Geschichten der Liebe ersetzt werden mögen. Du kannst darum bitten, dass deine Geschichten des Urteils, der Schuldzuweisung und der Schuld durch Geschichten der Unschuld ersetzt werden mögen. Unschuld verleiht dir Unverletzlichkeit und Stärke. Wiederhole den Prozess mit deinen Geschichten der Rache, des Hasses, des Selbsthasses und der Gehässigkeit. Wie viele dieser Geschichten trägst du jeweils in dir? Wie wirken sie sich auf dich aus? Wozu benutzt du sie? Was willst du jetzt? Du kannst darum bitten, dass sie durch Geschichten des Glücks ersetzt werden mögen, in denen jeder gewinnt. Frage dich, wie viele Geschichten des Opfers, des Herzensbruchs und der Kontrolle du in dir trägst. Wie wirken sie sich auf dich aus? Wozu benutzt du sie? Du kannst darum bitten, dass alle diese Geschichten durch Geschichten der Selbstliebe ersetzt werden mögen.

Frage dich, wie viele Geschichten des Versagens, der Selbstsabotage, der Selbstzerstörung und des Todes du in dir trägst. Wie wirken sie sich auf dich aus? Wozu benutzt du sie? Du kannst darum bitten, dass sie durch Geschichten des HIMMELS auf Erden ersetzt werden mögen. Wie viele Geschichten der Lieblosigkeit und der Besonderheit trägst du in dir? Wie wirken sie sich auf dich aus, und wozu benutzt du sie? Du kannst darum bitten, dass sie durch Geschichten der Vision und der Erfüllung deiner Lebensaufgabe ersetzt werden mögen. Frage dich, wie viele Geschichten des Versteckens, der Aufopferung und des Rückzugs du in dir trägst. Wie wirken sie sich auf dein Leben aus? Du kannst sie loslassen und darum bitten, dass sie durch Geschichten des Entzückens und des Humors ersetzt werden. Wie viele Geschichten des Autoritätskonflikts und der Angst vor Veränderung trägst du in dir? Wie wirken sie sich auf dich aus? Wozu benutzt du sie? Du kannst darum bitten, dass sie durch Erfolgsgeschichten und Geschichten der Heilung ersetzt werden mögen.

Welchen Titel würde dein Leben tragen, wenn es ein Film wäre? Ist es ein langweiliger Film? Würdest du das Kino nach der Hälfte des Films verlassen oder einen großen Teil der Zeit auf der Toilette oder am Kiosk verbringen? Das ist nur ein Beweis für Angst. Welche Wirkung hat das Drehbuch dieses Films auf dein Leben? Wozu benutzt du es? Was willst du jetzt? Wärest du bereit, dein Herz, deinen Geist und dein Leben in die HÄNDE GOTTES zu legen? Wärest du bereit, es jedes Mal zu tun, wenn du daran denkst? Würdest du darauf vertrauen, dass das, was kommt, deinem Wohl dient, wenn es um dein Wachstum und deine Entwicklung geht? Würdest du darauf vertrauen und akzeptieren, dass *alles*, was kommt, deinem Wohl dient? Wenn du die Wahl als das letzte Vorrecht des Egos aufgibst, gelangst du auf einen Weg des Lernens und der Heilung, der dich rascher zum ERWACHEN führt und dich über alle Geschichten hinausgelangen lässt, weil du vom HIMMEL geleitet wirst.

Du kannst zu jeder dunklen Geschichte zurückkehren und dich fragen, wie alt das Selbst war, das dieses Drehbuch geschrieben hat. Häufig handelt es sich um ein Kind, manchmal aber auch um ein Selbst, das viele hundert Jahre alt ist. Bitte ein Bataillon von Engeln darum, sich einzufinden und alle Selbste mit GÖTTLICHER LIEBE zu umhüllen, sodass sie empfangen können, was ihnen gefehlt hat, und heranwachsen, bis sie dein gegenwärtiges Alter erreicht haben, sich wieder in dich hinein auflösen und die Drähte und Schaltkreise in deinem Herzen, deinem Geist und deinem Körper wieder neu verbinden, die durchschnitten waren.

66

Die Augen Christi

> Das Wunder ist ein Zeichen, dass der Geist entschieden hat, von mir in CHRISTI Dienst geführt zu werden. CHRISTI Überfluss ist das natürliche Ergebnis der Entscheidung, IHM nachzufolgen.
>
> Ein Kurs in Wundern, T-1.V.6:1-2

Die Augen CHRISTI sind wunderbare Werkzeuge der Heilung, die uns der HIMMEL geschenkt hat. CHRISTUS zu bitten, in uns hineinzukommen und unser Ego in seine Obhut zu nehmen, heißt, unseren Geist zu entwirren und von Fehlwahrnehmungen zu befreien. Durch die Augen CHRISTI auf die Welt zu schauen heißt, die Welt ohne die Trennung und die Illusionen des Egos zu betrachten. CHRISTI Augen blicken durch die Augen der Liebe auf die Welt. CHRISTUS schaut über die Bedürfnisse des Egos und sein Verlangen nach Angriff hinaus. ER sieht das umfassende Bild und betrachtet den gesamten Lauf der Zeit. ER sieht keine Sünde, sondern blickt nur auf die Hilferufe und darüber hinaus auf die Wahrheit, die Ganzheit ist. CHRISTI Augen können nur Segen, Gnade und Wunder bringen. SEINE Augen sehen nur die Liebe. ER blickt über das größte Elend, den uralten Schmerz und die Zerrbilder des kollektiven Unbewussten hinaus. SEINE Augen sehen über unsere größten Autoritätsprobleme, die in unserer Abkehr vom Licht und in den Dämonen, Teufeln und dunklen Göttern des uralten Egos bestehen, hinaus auf das Licht, das sie und uns in den HIMMEL zurückruft.

Mit CHRISTI Augen können wir auf den Fall aus dem Zustand des EINSSEINS schauen und ihn als die große Illusion erkennen, die er ist. Nichts kann den ewigen Zustand des HIMMELS verändern, denn er ist unveränderbar. Nichts kann das EINSSEIN zerstören oder das trennen, was GOTT miteinander verbunden hat, denn ER hat SICH ausgedehnt, um uns zu schaffen. Als erster Mensch, der das EINSSEIN mit GOTT wieder verwirklicht hat, wurde Jesus zum CHRISTUS, zu dem Weg, der zu GOTT zurückführt. Wie wir mit dem Erwachen Buddhas das Buddha-Bewusstsein geerbt haben und zum Kind Buddhas geworden sind, so sind wir, als Jesus SEIN SELBST wiederfand, zum Kind CHRISTI geworden und haben ein CHRISTUS-Bewusstsein geerbt. Wie der Frieden des Buddha-Bewusstseins uns helfen kann, aus dem Traum dieser Welt zu erwachen, so kann die Schau CHRISTI uns von allen Illusionen befreien. Wir wollen uns dabei helfen lassen, unser SELBST, das ewiger, reiner Geist ist, ebenso zu erkennen wie unser EINSSEIN mit GOTT in den GROSSEN STRAHLEN DES HIMMELS.

Nachwort

Wenn es um Reife, Selbstbestimmung und Weiterentwicklung geht, gehört Eigenverantwortung zu den besten Werkzeugen, die uns zur Verfügung stehen, um uns zu befreien. Eigenverantwortung gibt uns die Möglichkeit, uns aus der Umklammerung des Egos zu lösen und die Macht zurückzugewinnen, die wir dem Ego übertragen haben. Unsere Wahrnehmung der Welt als wirklich und konkret ist nichts anderes als eine der zahllosen Methoden, die das Ego benutzt, um uns an diese Wirklichkeit zu binden, die Wirklichkeit des Geistes zu bagatellisieren und den Eindruck zu erwecken, dass Liebe in dieser Welt unmöglich ist. Eigenverantwortung hilft uns, das Weltbild des Egos zu überschreiten. Die Welt, wie wir sie wahrnehmen, verändert sich Millimeter um Millimeter, wenn wir hart genug daran arbeiten. Unser Denken und mit ihm auch unsere Wahrnehmung zu verändern heißt jedoch, die Welt zu transformieren. Die Welt ist unser Spiegel, und wir sind für sie verantwortlich. Sie entsteht durch unsere Wünsche und Entscheidungen und durch die statischen Entscheidungen unserer Glaubenssätze. Die Welt tanzt zu der Musik, die wir komponieren und für sie spielen. Ganz besonders in dieser Zeit, in der große Wellen unerledigter Geschäfte aus dem kollektiven Unbewussten über die Welt hinwegrollen, ist Eigenverantwortung nötig, wenn das Bewusstsein der Menschheit vom Leiden erlöst werden soll.

Jeder von uns hat seinen Teil beizutragen, und wenn wir unser Licht nicht leuchten lassen, wie wir es versprochen haben, dann fehlt dieser eine Teil so lange, bis wir es tun. Der HIMMEL wartet darauf, dass wir unser EINSSEIN erkennen. Wir sind ein KIND GOTTES, ein unschätzbar wertvoller Teil des GEISTES GOTTES und des HIMMELREICHS. Wir müssen erkennen, dass wir noch immer so sind, wie wir von GOTT geschaffen wurden. Wir sind ewiger Geist. Wir sind Liebe, Licht, Unschuld und Macht.

Wir wollen eigenverantwortlich handeln. Wir wollen zu dem erwachen, der wir sind. Wir wollen über unsere Wahrnehmung dieser Welt hinaus hin zu einer Welt des HIMMELS auf Erden gehen. Wir können unsere Identität wiederfinden. Wir können aufsteigen. Wir können die übereinstimmende Wirklichkeit dieser Zeit überschreiten, der zufolge die Welt, in der wir leben, eine Welt des Todes ist. Wenn ausreichend viele Menschen über diese übereinstimmende Wahrnehmung hinausgelangen, können wir sie überschreiten. Wir können auf die Ebene einer himmlischen Welt gelangen. Auch wenn es eine Million Jahre oder länger dauern mag, bewirkt jeder Schritt, den wir gehen, eine Veränderung für alle Menschen in Vergangenheit und Gegenwart, denn unser aller Geist ist verbunden.

Ich wünsche dir Frieden und Mühelosigkeit auf deiner Reise, und mögest du immer daran denken, WER jeden Schritt des Weges mit dir geht.

Danksagungen

Es ist mir wichtig, den Menschen zu danken, deren Unterstützung dieses Buch möglich gemacht hat. Zuerst und vor allem möchte ich meiner Frau Lency und meinen Kindern Christopher und J'aime danken, die eine unaufhörliche Quelle der Liebe und der Inspiration für mich sind. Mein Dank gilt auch Pua, die ein Bollwerk der Ordnung ist und dafür sorgt, dass wir uns auf unsere kreative Arbeit konzentrieren können. Ich danke Cilla dafür, dass sie unser Büro mit leichter Hand leitet und für den reibungslosen Ablauf unserer geschäftlichen Angelegenheiten sorgt. Meiner Sekretärin Sunny möchte ich dafür danken, dass sie unermüdlich Ordnung in meine Manuskripte hineinbringt. Außerdem geht mein Dank an Dr. Paul Mark Wadleigh, der dieses Buch lektoriert und seine Lesbarkeit verbessert hat. Ich danke auch Daniel Ladinsky, dessen Übersetzungen der Texte mystischer Dichter über ihre tiefsten Erfahrungen des GÖTTLICHEN eine große Inspiration für mich waren. Schließlich möchte ich wieder einmal auch *Ein Kurs in Wundern* danken und die zentrale Rolle hervorheben, die er sowohl in meinem spirituellen Leben als auch in meiner Recherche zum Thema Eigenverantwortung eingenommen hat und immer noch einnimmt.

Weitere Bücher aus dem Verlag Via Nova:

WHY SHIT HAPPENS
Warum guten Menschen schlimme Dinge zustoßen
Chuck Spezzano

Klappenbroschur, 240 Seiten, ISBN 978-3-86616-450-5

Ganz gleich, was uns im Leben begegnet, welche Hürden sich in unserem persönlichen Entwicklungsprozess, in unseren Beziehungen oder unserem Beruf zeigen, es gibt nur einen Weg, der wirklich heilt, und der heißt: vollständige Selbstverantwortung. Welche Prinzipien und Dynamiken im menschlichen Bewusstsein dabei wirken und wie wir lernen, die Rolle der Selbstverantwortung in seiner ganzen Dimension zu verstehen und unmittelbar anzuwenden, das erfahren wir in diesem neuen Meisterwerk in einzigartiger Klarheit. „Nach 45 Jahren therapeutischer und beratender Tätigkeit fühlte ich mich jetzt erst bereit, dieses Buch zu schreiben", sagt der weltberühmte Weisheitslehrer Chuck Spezzano und gibt uns damit einen Begriff von der fundamentalen Bedeutung des Themas für Bewusstwerdung und Transformation.

Willst Du Recht haben oder glücklich sein
So gelingt eine harmonische Partnerschaft
Chuck Spezzano

Klappenbroschur, 304 Seiten, ISBN 978-3-86616-449-9

Nirgendwo sonst können wir uns intensiver erfahren und erkennen als in unseren Partnerschaften. Das größte Geschenk, das wir uns dabei machen können, ist es, überall wo Schwierigkeiten, Schmerz oder Kampf bestehen, unsere Projektionen zu entlarven und Bewusstheit hinzubringen. Chuck Spezzano, der berühmte Weisheitslehrer, widmet sich in diesem Buch dem Thema der glücklichen Partnerschaft mit all seiner Leidenschaft, seinem tiefen Wissen und seiner über 40-jährigen therapeutischen Erfahrung. Sein großes Herzensanliegen ist es, uns zu vermitteln, wie „Beziehungen zu einem Pfad des Aufstiegs in Liebe, Integrität, Ganzheit und Freude werden können". Mit diesem neuen Meisterwerk kommen wir diesem herrlichen Ziel ein wesentliches Stück näher.

50 Wege, loszulassen und glücklich zu sein
Chuck Spezzano

Taschenbuch, 224 Seiten, ISBN 978-3-86616-432-1

10. Auflage

„Loslassen" ist das große Zauberwort einer ganzen Generation spirituell Suchender. Doch wie gelingt es, Belastendes, Bedrückendes und Unbewusstes letztgültig und vollkommen loszulassen? In diesem Buch hat der bekannte Weisheitslehrer Chuck Spezzano sich mit großer Intensität genau diesem Thema gewidmet und 50 universelle Prinzipien zusammengefasst, die er auf seinem eigenen Pfad entdeckt und in seiner langjährigen praktischen Beratungsarbeit weltweit erfolgreich eingesetzt hat. Es ist die Quintessenz eines außergewöhnlichen spirituellen Weges, der zum Ziel führte: inspirierende Kontemplationen mit konkreten Fragestellungen, Anregungen und Übungen, mit denen das „Loslassen" keine Idee mehr bleibt, sondern zu einem ganz konkreten, bewussten und realen Akt der Transformation werden kann.

Prinzipien des Seins für ein erfolgreiches Leben
Auf allen Ebenen Fülle erfahren
Chuck Spezzano

Hardcover, 240 Seiten, ISBN 978-3-86616-423-9

Das Geschenk des Lebens in seiner ganzen Fülle, Magie und Schönheit zu erleben, Glück, Gesundheit und Erfolg zu erfahren, ist das göttliche Geburtsrecht eines jeden Menschen, so der international bekannte Weisheitslehrer Chuck Spezzano. Dieses Buch könnte für Sie der Schlüssel dorthin sein. 40 Jahre Erfahrung des spirituellen Lehrens, Forschens und Arbeitens sind die Grundlage für die hier herausgearbeiteten Prinzipien der Wahrheit. Sie bieten kostbare Anregungen, Inspirationen, Reflektionen und vor allem ganz und gar praktische Übungen und Lektionen an, um den Weg ins goldene Zentrum eines erfüllten Seins zu finden. Erfahren Sie das Wunder des inneren Wandels auf dem Weg zu Erfolg und vollkommener Erfüllung.

Woran hängt dein Herz?
Prüfe alles und entscheide dich für das Gute
Chuck Spezzano

80 farbige Karten mit Begleitbuch, Illustrationen von Petra Kühne
Begleitbuch Paperback, 256 Seiten, ISBN 978-3-86616-391-1

2. Auflage

Was genau braucht es, damit du auf dein Herz hörst und ihm folgst? Uneingeschränkt und bedingungslos. Welche Hindernisse, welche Fallen, welche Irrtümer und Illusionen (Götzen) sind es, die dich noch immer zurückhalten auf dem Weg in die Freiheit und Liebe? Mit diesem neuen Kartenset des weltbekannten spirituellen Lehrers Chuck Spezzano hast du ein wirkungsvolles Werkzeug, um alldem auf den Grund zu gehen. Anhand des aus der Mode gekommenen Begriffes „Götze" durchleuchtet Spezzano all unsere Illusionen, an die wir uns aus Angst oder Unwissenheit, bewusst oder unbewusst noch immer klammern. Wenn du bereit für das Licht der Wahrheit bist und fest entschlossen, Deine Schattenanteile anzuschauen, dann könnte dieses Kartenset genau „dein Ding" sein!

Dein Herz ruft nach Liebe
Wie deine Partnerschaft erblühen kann
Chuck Spezzano

Hardcover, 224 Seiten, ISBN 978-3-86616-390-4

Die Liebe – immer wieder die Liebe! Was sonst? Solange wir nicht vollkommen durchdrungen sind von dieser alles umfassenden Kraft, die jeden Moment strahlt, pulsiert und uns in ihrer ganzen Zartheit und Lebendigkeit erfüllt, so lange sind wir Lernende. Und erst, wenn unsere Herzen wirklich Quell des nicht endenden Lichts und Mitgefühls geworden sind, erst dann sind wir am Ziel, erst dann haben wir unsere wahre Bestimmung gefunden als wirkender Teil des Göttlichen. Der Autor öffnet uns Türen, zeichnet uns Wege, gibt uns Hinweise, Ausblicke, Inspirationen und nimmt uns an die Hand, um uns sicher durch das innere Labyrinth zu geleiten.